EDMOND BONNAFFÉ

CAUSERIES

SUR

L'Art et la Curiosité

Frontispice par Jules Jacquemart

PARIS

A. QUANTIN, IMPRIMEUR-ÉDITEUR

7, RUE SAINT-BENOIT

1878

CAUSERIES

SUR

L'ART ET LA CURIOSITÉ

IL A ÉTÉ TIRÉ DE CETTE ÉDITION :

50 exemplaires numérotés, sur papier de Hollande

Avec frontispice sur Chine.

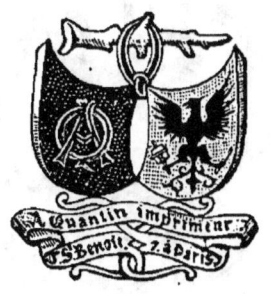

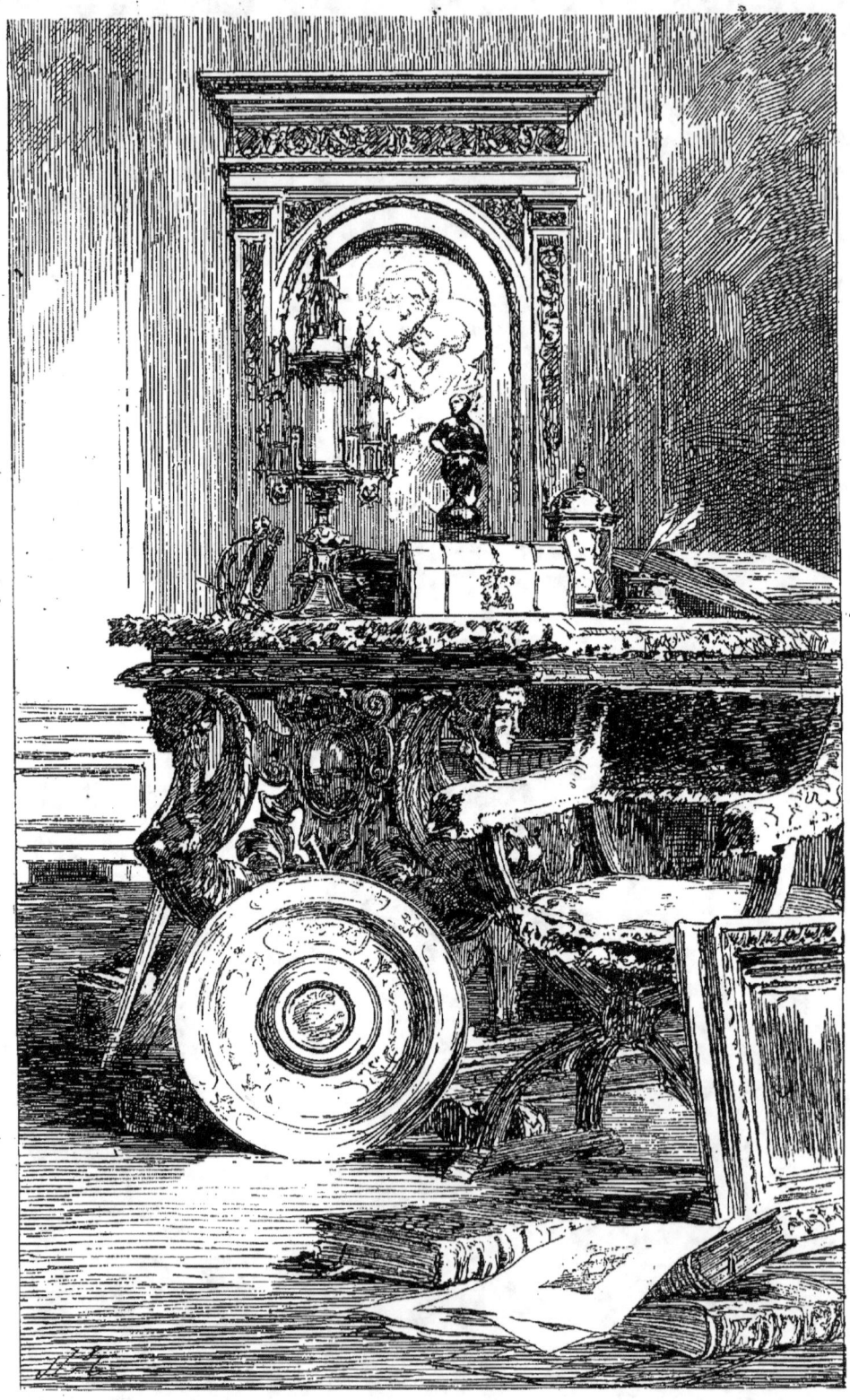

AU LECTEUR

> *Colligite quæ superaverunt fragmenta, ne pereant.*
> St Jean, VI.

MI *lecteur, j'appartiens à une race particulière qui tient à la fois de l'homme et du chien de terre-neuve ; de l'homme par l'apparence extérieure, du terre-neuve par un instinct* sui generis *qui consiste à vouloir toujours sauver, en dépit de certaines gens, les épaves de l'ancien temps.*

Cette race s'appelle les collectionneurs.

Nous sommes ainsi 2 à 3,000 sauveteurs à Paris, classés par ordre alphabétique dans les annuaires, avec les noms, prénoms et circonstances ; errant par les rues, flairant partout, ramassant où nous pouvons les *vieux livres et les vieilles estampes, les vieilles peintures et les vieux bronzes, les meubles vermoulus, les faïences cassées, les bouts d'étoffes, — tous les chiffons du passé.*

Notre famille date de loin. A dresser son arbre généalogique on passerait des années, on remplirait des volumes. Nous descendons des Sauvageot, des Du Sommerard et des Alexandre Lenoir. Mariette et la marquise de Pompadour étaient de notre maison avec le Régent, Malesherbes, Crozat, la comtesse de Verrue, Gaignières et cent autres aussi renommés. Au XVIIe siècle, nous avons pour ancêtres Mazarin et Jabach, à qui le Louvre doit peut-être les plus beaux fleurons de sa couronne; Chantelou, l'ami du Poussin; Le Nôtre, le Père La Chaise, Bégon et Marolles, Girardon et André Boulle, Brienne, que j'ai de bonnes raisons pour ne pas oublier; Richelieu, la Vrillière, Nointel, Lamoignon, les grandes dames et les grands seigneurs, les présidents et les lettrés, Fouquet, Loménie, Ménage, Furetière et le chancelier Séguier, mesdames de Chavigny et d'Aiguillon, du Harlay et Gaston d'Orléans, Colbert et Condé, que sais-je? Les plus beaux noms de France nous appartiennent.

Voulez-vous remonter plus loin? Voici Gabrielle d'Estrées, Peiresc, Bagarris, le fondateur de notre cabinet des médailles; Catherine de Médicis dont nous connaissons enfin l'inventaire, Diane de Poitiers, les Valois, Montmorency, d'Urfé, je cite au hasard; et ces grandes figures que chacun salue au passage, de Thou, Grolier, Amyot, George d'Amboise; et ces

*princes de la maison de Bourgogne qui eurent tous la
passion des belles collections.*

Plus avant dans le moyen âge, voici les fondateurs de Saint-Denis et de la Sainte-Chapelle qui furent nos premiers musées; voici les abbés de nos grands monastères. Si je voulais descendre encore et fouiller l'arbre généalogique jusqu'aux racines, je vous montrerais nos ancêtres inconnus, ces grands seigneurs gallo-romains qui faisaient venir d'Italie et de Grèce les bronzes merveilleux que l'on retrouve aujourd'hui dans le vieux sol gaulois.

La branche latine n'est pas moins riche en noms retentissants; j'ai raconté jadis l'histoire de ces princes de la curiosité romaine, Jules César, Lucullus, Pollion, Salluste, Sylla, Cicéron, Atticus, Varron; ils sont tous de la grande famille des collectionneurs, et nous pouvons hardiment les inscrire en tête de nos archives nobiliaires.

Je vous fais grâce de la branche carthaginoise, bien qu'elle compte un nom fameux, Annibal, grand amateur de bronzes antiques, au rapport de Cornelius Nepos; j'arrive à la branche grecque..... Mais vous doutez peut-être que les Grecs fussent des collectionneurs comme nous, et vous supposez que j'invente à plaisir des aïeux imaginaires. A ce compte, que pensez-vous de la bibliothèque de Pisistrate, de celles d'Aristote et de Théophraste? Quel nom donner à ce personnage qui conservait, parmi d'autres raretés, la lyre authentique de Pâris et voulait la vendre à Alexandre? Que dire de l'Arcadien Pithéas, qui fit graver sur son tombeau qu'il avait possédé plus de vases qu'aucun autre homme ? Que pensez-vous des 30,000 manuscrits d'Épaphrodite de Chéronée ? Non, la Grèce aimait trop les arts pour ne pas former des collections publiques et privées. Ces temples antiques, remplis de sujets profanes au milieu de bronzes, de coupes, de miroirs et de pierres gravées, ces temples sont de véritables musées, et Strabon ne se trompe point quand il les appelle des galeries de tableaux.

Mais voulez-vous une preuve sans réplique ? Le collectionneur grec existe, puisqu'on en dit du mal. Lucien, qui n'a pas l'âme tendre pour les curieux de son temps, plaisante agréablement je ne sais quel particulier qui avait payé 3,000 drachmes la lampe du stoïcien Épictète, et les collectionneurs qui achetaient le bâton de Protée le Cynique, le stylet d'Eschine, la lyre originale d'Orphée. « Ce sont, dit-il, des chauves qui achètent un peigne, des aveugles un miroir, des sourds une flûte, des femmes galantes un eunuque, etc. » Quant aux impertinents qui se permettent d'être bibliophiles, il les habille de la belle façon : « Est-ce que tu t'imagines que les rayons de ta bibliothèque sont instruits parce qu'ils contiennent une foule de vieux auteurs ? Quel est donc ton espoir lorsque tu passes ton temps à rouler tes livres, à les coller, à les ébarber, à les frotter de safran ou de cèdre, à les faire habiller de cuir ou garnir d'ombilics, si tu ne sais pas les beautés et les défauts d'un ouvrage, le sens de tous les mots, leur construction, tous les secrets du langage ? »

Car voilà le grand mot lâché : les philosophes et les moralistes ont découvert qu'une galerie ou une bibliothèque n'ont pas la vertu de faire de leur possesseur un grammairien, un sculpteur ou un peintre ; donc la curiosité est une affaire de vanité, une spéculation, ou une affection cérébrale. Et depuis l'antiquité jusqu'à nos jours, ces graves personnages, escortés de bon nombre de critiques et d'artistes incompris, ont brodé sur ce thème les variations les plus mélancoliques.

Eh bien, en dépit des philosophes à longue barbe, des artistes chevelus et des moralistes glabres, la race des curieux a survécu. Patiente et tenace, patiens quia æterna, éternelle parce qu'elle a ses racines dans l'intelligence et dans le cœur humains, elle est plus vivante aujourd'hui que jamais. Elle s'inquiète peu de savoir s'il faut être peintre ou littérateur pour avoir le droit de former une collection et suit son chemin, en se moquant du qu'en dira-t-on. Ces excentriques dont on riait si bien, qu'un homme d'esprit appelait naguère des monomanes, martyrs de l'idée fixe, thésauriseurs féroces et sans pitié, dépeceurs de la France monumentale et artistique, *les braves gens ont fait souche.* Il n'était que temps ; depuis plusieurs années la France souffrait d'une maladie chronique, la destructivité, et, les crises se rapprochant de plus en plus, les derniers vestiges de l'art ancien allaient bientôt disparaître.

Dans ce temps-là, toute une région de la curiosité restait encore inexplorée. Personne ne songeait à *l'orfévrerie, aux meubles, aux émaux, à la ferronnerie, à tous les petits monuments de la vie usuelle ; ceux que l'on trouvait par hasard, entraient dans les cabinets d'histoire naturelle, parmi les habits de sauvages, les oiseaux empaillés et les pétrifications. Pourtant les anciens maîtres, — je parle des plus grands, — avaient mêlé quelque chose de leur divin parfum à ces humbles productions ; ils composaient eux-mêmes des modèles pour l'industrie, jugeant que l'art n'est pas un souverain jaloux, emprisonné dans sa cour, mais qu'il rayonne au loin, inondant de la même lumière la cime des montagnes et le caillou du sentier. Or, de ces menues merveilles dédaignées depuis des siècles, le plus grand nombre était détruit, le reste traînait dans le fond des greniers et des sacristies, livré au hasard et condamné à mort. Il fallait courir au plus pressé ; on se mit en campagne et le sauvetage commença.*

Mais ces précieuses reliques une fois recueillies, on n'entendait pas les réserver pour le régal exclusif de quelques délicats ; il fallait en tirer un enseignement, l'éducation du public était encore à faire. Disons-le bien haut, ce fut un des nôtres qui s'en chargea ; en 1843, le comte Duchâtel, un collectionneur et un clairvoyant, fit acheter par l'État le cabinet Du Sommerard et ouvrit le musée de Cluny.

La révélation fut soudaine, complète. Chacun comprit le parti qu'il pouvait tirer de cette mine féconde où l'artiste et l'industriel trouvaient des modèles incomparables, le savant un trésor de documents inconnus, le curieux un nouveau filon à exploiter, un nouvel aliment pour sa passion. Quelques années plus tard, la vente Debruge-Duménil jetait en pâture aux amateurs un nombre considérable de ces précieux monuments ; désormais la place de la curiosité était faite et allait grandir de jour en jour. En 1856, Charles Sauvageot donne généreusement au Louvre son cabinet de merveilles; de nouvelles collections se forment avec les débris des cabinets Norblin, Rattier, Jacquinot-Godard, Monville. La mode se met de la partie, on s'arrache les miettes du passé ; livres, médailles, estampes, meubles antiques, menue curiosité, on veut tout avoir. Enfin, la magnifique collection du prince Soltykoff, dispersée au vent des enchères, achève de mettre le feu aux quatre coins de la curiosité.

Notre école de peinture n'avait pas attendu cette grande explosion pour se mettre en branle. Longtemps elle avait combattu sans dépasser le cercle de quelques timides acquéreurs. A partir de 1849, les contemporains prennent la corde et commencent leur marche en avant. La fièvre de la curiosité se communique aux tableaux ; l'Exposition de 1855, en montrant pour la première fois l'ensemble et la puissance de notre École, est le signal d'une nouvelle hausse qui ne s'arrête qu'en 1870, pour reprendre de plus belle et atteindre son apogée en 1873.

Cependant l'archéologie s'empare à son tour de ces documents nouveaux. Quel charme en effet de toucher du doigt la vie privée de nos ancêtres, d'entrer d'emblée dans leur intimité! Quel triomphe de déchiffrer les marques et les monogrammes inconnus, de faire revivre tous ces oubliés de l'histoire, satellites disparus dans l'auréole lumineuse des grands maîtres! Et pendant que le savant reconstitue les archives de l'art national, l'artiste apprend l'histoire, l'ouvrier compare, et l'Union Centrale organise ces Expositions fameuses, panorama tangible montrant d'un côté les merveilles de la Renaissance, du moyen âge, de l'extrême Orient, de l'autre l'application de ces modèles aux produits de la fabrication moderne.

Mais à qui devons-nous, s'il vous plaît, la renaissance de l'émaillerie, de la faïence, de la ferronnerie, des cuirs gaufrés, de la verrerie émaillée, des toiles peintes? Qui a inspiré aux ateliers lyonnais ces étonnantes reproductions des soieries et des velours anciens? Où nos orfévres, nos ébénistes, nos tapissiers, nos brodeurs prennent-ils leurs modèles aujourd'hui? D'où vient ce développement subit de notre industrie céramique? Pensez-vous que les curieux, en recherchant si passionnément les terres de Palissy, les faïences italiennes, les anciens modèles de Sèvres, de Nevers, de Rouen, de Moustiers, n'ont pas agi sur le goût public? Que dire enfin de ce mouvement prodigieux de la curiosité parisienne et de ce formidable Hôtel Drouot qui vend bon an mal an 45,000 tableaux, 150,000 objets d'art et de curiosité, 30,000 dessins, 30,000 autographes, 120,000 estampes et un million au moins de livres anciens, sans compter le trafic journalier de 2,500 marchands de curiosités payant patente et d'un nombre indéterminé de courtiers arrivant tous les jours de province, d'Italie, d'Espagne ou d'Orient pour jeter leur récolte sur le premier marché du monde!

Pourvoyeurs de nos dépôts publics, fondateurs des musées Du Sommerard et Sauvageot, vous qui avez ouvert au Louvre et à la Bibliothèque les salles Lacaze, Lenoir, Hennin, de Luynes, et doté cinquante musées de province, pionniers de l'archéologie moderne qui avez ressuscité vingt industries et fait de Paris le centre de la curiosité universelle, collectionneurs mes confrères, soyez modestes. L'historien passera encore à côté de vous sans vous apercevoir, le philosophe haussera les épaules, l'artiste vous traitera de bourgeois spéculateurs, l'homme du monde de bibelotiers *; seul, le médecin vous tirera son chapeau......espérant bien avoir prochainement votre clientèle.*

CORNELIUS SATURNINUS

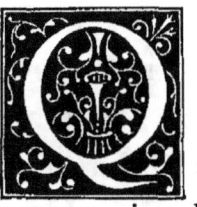u'est-ce qu'un artiste?

S'il faut en croire les dictionnaires, on appelle artistes les architectes, les peintres, les sculpteurs, les graveurs, ceux qui cultivent les *arts libéraux,* par opposition aux artisans qui s'occupent des *arts mécaniques,* comme les menuisiers, les serruriers, les forgerons[1], etc.

C'est fort bien. Une statue taillée au couteau, un tableau colorié par le dernier des barbouilleurs, une méchante bâtisse comme on en voit tant, une gravure d'Épinal, seront des œuvres d'artistes; tandis que les ferrures des portes de Notre-Dame, les boiseries d'Amiens, la serrurerie d'Anet et d'Écouen, les meubles de Boulle et de Ducerceau,

---

1. Voir notamment le *Dict*^re de Millin au mot *Art.*

le service d'Oiron et les poteries de Palissy sont de l'art mécanique.

Je vous laisse à penser si Palissy s'accommoderait de la définition. « Voilà un propos, dirait-il tout net à l'Académie elle-même, par lequel je connois à présent que tu es indigne d'entendre rien du secret de mon art; et puisque tu l'appelles art mécanique, tu n'en sçauras plus rien par mon moyen[1]. »

En effet, où commence l'art? où finit le métier? Quelle est leur différence? A quel signe les reconnaissez-vous?

Au moyen âge, la réponse eût été facile. Le mot *artiste* n'existait pas dans la langue, l'art et le métier ne faisaient qu'un. Faire de l'industrie, c'était faire de l'art, et réciproquement; on était ouvrier, on avait plus ou moins de talent, voilà tout. Prenez les peintres du temps les plus à la mode, ceux de la cour, si vous voulez. Ils ne font pas seulement des tableaux, mais *tout ce qui concerne leur état :* des modèles de broderies, de meubles, de chandeliers, d'étoffes, d'ornements d'église; au besoin, ils décorent des harnais et des litières[2]. En 1391, Jehan Viterne, peintre de Valentine de

---

1. Palissy, *Art de terre.*
2. De Laborde, *Ducs de Bourgogne, passim.* En 1349, les ouvriers ornemanistes sur bois et sur métal faisaient partie de la société de Saint-Luc, à Florence, fondée par des peintres. A Venise, à Bologne, les sociétés de peintres comprenaient également des coffretiers, des doreurs, des vernisseurs, des selliers, des gaîniers, etc (Labarte, *Collection Debruge*, page 377.)

Milan, recevra, sans faire de façons, cinquante livres pour « paindre et chirer le fauteuil » de la duchesse.

Tout cela choque un peu nos idées, j'en conviens ; mais le moyen âge avait ses raisons pour en agir ainsi. Mêler l'art à l'industrie, c'était le rendre familier à tous, le faire entrer partout, le répandre dans l'air. On l'a dit très-justement : « Jadis le beau et l'utile naissaient de la même pensée », et, de même qu'une cathédrale gothique est une œuvre pratique et absolument rationnelle, de même l'objet le plus usuel, le moindre ustensile du moyen âge a toujours une certaine tournure, un je ne sais quoi, qui trahit l'artiste.

L'union de l'art et de l'industrie était sage, intelligente, bien assortie ; elle fut féconde. Nos écoles et nos ateliers lui doivent cinq siècles au moins d'un éclat et d'une prospérité incomparables.

La bonne intelligence dura jusqu'au XVIIe siècle, quand le peintre, se séparant de la maîtrise, fonda l'Académie de peinture. De ce jour date l'aristocratie des architectes, des peintres et des sculpteurs, — le divorce de l'art et de l'industrie.

On commence à réagir contre cette fâcheuse distinction. Aujourd'hui nous pouvons mesurer le mal et en apprécier les conséquences. La désunion a été aussi funeste aux artistes eux-mêmes qu'aux industriels.

En rompant avec l'industrie, l'artiste a perdu une de ses ressources les plus lucratives, les plus légitimes. Le peintre et le sculpteur se sont condamnés à ne produire que des ouvrages d'un débit forcément limité, à ne travailler que pour le petit nombre. De plus, la tentation de *devenir artiste,* la séduction des Expositions annuelles ont fait naître une foule de médiocrités qui auraient trouvé place dans l'industrie ou ailleurs : concurrence sérieuse pour les vrais talents, car le gros du public adore le luxe à bon marché et s'accommode volontiers du trompe-l'œil et des faux chefs-d'œuvre.

Mais le génie perd-il donc ses ailes pour descendre sur terre ? Le grand art doit-il se cantonner dans les nuages, au risque de ne plus apercevoir l'humanité qui marche et la terre qui tourne ? Les anciens ne le pensaient point. Dans ces siècles bénis, où *l'artiste* n'était pas encore inventé, on estimait que l'industrie, en se mêlant à nos usages de tous les jours, exerce une action directe et constante sur le goût, et que l'art, dans son propre intérêt, doit y avoir la main. La foule n'est pas assez riche pour s'instruire en achetant des tableaux et des statues. Si l'on veut faire son éducation, il faut nécessairement compter avec l'industrie : elle seule a ses entrées partout et nous enveloppe par les mille petits objets de la vie privée. Pour pénétrer jusqu'au public, l'art est donc obligé de se glisser avec elle, sinon il court le risque de rester à la porte ; il devient une exception, et voilà précisément l'écueil que les anciens maîtres voulaient éviter à tout prix. Raphaël dessinait pour les orfévres, les brodeurs et les potiers; Donatello modelait des heurtoirs de porte; Jean d'Udine composait des arabesques pour les verreries de Murano, et le Francia gravait des caractères d'imprimerie pour les Aldes.

Il y aurait bien à dire sur ces graves matières, mais ce n'est point le moment. Aussi bien je veux me borner pour aujourd'hui à montrer que l'unité de l'art et du métier ne date pas du moyen âge; elle remonte bien plus haut. A Rome, comme à Athènes, l'art et le métier n'étaient qu'une seule et même chose, la langue n'avait point d'expression pour les distinguer; artiste et artisan sont synonymes[1], et Minerve est bien la patronne de tous les ouvriers, depuis Phidias jusqu'au dernier potier du Céramique[2].

Vers la moitié du IIᵉ siècle, sous Antonin le Pieux et Marc-Aurèle, florissait, à Carthage, un personnage singulier, Apulée, l'auteur des *Métamorphoses*, le plus beau des philosophes, le plus disert et le plus ingénieux conteur de son temps ; une manière de Cagliostro, pontife d'Esculape, affilié à toutes les communautés secrètes de l'Égypte et, entre nous, un peu magicien ; du moins, saint Augustin, son compatriote, lui a fait cette réputation.

---

1. Arts, artifex, τέχνη, τεχνίτης.
2. On appelait Minerve Ἐργάνη, l'ouvrière. « Sur un bas-relief de la collection Albani, on voit Typhys qui prépare le mât et les voiles du navire Argo, et Minerve qui préside à cette opération. Cette déesse est là comme protectrice de la *méchanique*. (Millin, *Dictionnaire*.)

Il avait beaucoup d'ennemis. On l'accusa de sorcellerie, c'était dans l'ordre, — tant de grands hommes ont passé par là! — et, franchement, Apulée y prêtait un peu. Traduit devant le proconsul Claudius Maximus, il prononça lui-même sa défense, qui nous est restée[1].

Voici comment il expose et discute un des chefs de l'accusation :

« On m'a fait un crime d'avoir commandé certaine statuette destinée, dit-on, à des opérations magiques, et fabriquée secrètement avec un bois des plus rares. On ajoute qu'elle représente une momie, image hideuse et repoussante ; que j'ai pour elle un culte tout particulier et que je lui donne le nom grec de *Basileus* (Roi). Si je ne me trompe, c'est bien là suivre pas à pas mes accusateurs, reprendre un à un chaque fil et décomposer la trame de leurs calomnies.

« Le travail s'est fait en cachette, dites-vous. Comment donc! vous en connaissez si bien l'auteur, que vous l'avez assigné à comparaître ici même. Le voici : c'est Cornelius Saturninus[2], un des ouvriers les plus considérés parmi ses confrères, et d'une moralité reconnue. Il a subi dernièrement votre interrogatoire méticuleux, Maximus, il vous a expliqué tous les détails de l'affaire avec une bonne foi, une franchise parfaites.

---

1. L'*Apologie* d'Apulée.
2. *En adest Cornelius Saturninus artifex.*

« Il vous a dit que j'avais vu chez lui plusieurs modèles géométriques[1] en buis, exécutés avec beaucoup d'adresse et de talent; — que, charmé de son habileté, je l'avais prié de me faire quelques ouvrages[2] de sa façon; — que je lui demandais en même temps de me sculpter la statuette d'une divinité, à son choix, pour l'adorer selon ma coutume; — la matière m'était indifférente pourvu que ce fût du bois. — Il vous a dit qu'il avait commencé son ébauche avec du buis; — que, sur ces entrefaites (j'étais alors à la campagne), Sicinius Pontianus, mon gendre, voulant me ménager une surprise, avait obtenu de Capitolina, une de nos grandes dames, un petit coffret d'ébène et l'avait apporté à Saturninus, lui recommandant d'employer de préférence cette matière plus rare et plus durable que l'autre. « Le cadeau, disait-il, me serait d'autant plus agréable. » L'ouvrier était entré dans ses vues autant que possible; en assemblant un à un les morceaux d'ébène, il avait formé une épaisseur bien compacte et était parvenu de la sorte à exécuter un petit Mercure[3]...

« Ce que vous prétendez avoir été fabriqué en secret, c'est donc Pontianus, un de nos chevaliers les plus brillants, qui l'a commandé; c'est Saturninus, un homme grave, honorablement connu parmi ses

---

1. *Multas geometricas formas*, des pièces de tour et de précision.
2. *Quædam mechanica.*
3. *Ita minutatim ex tabellis (hebeni) compacta crassitudine Mercuriolum expediri potuisse.*

confrères, qui l'a sculpté, assis dans sa boutique, au vu de tout le monde[1]; une femme de condition a généreusement contribué à ce présent; une foule de gens, des esclaves et des amis, qui venaient chez moi, ont su que le travail devait se faire, qu'il était fait...

« Si vous étiez si bien convaincus que c'était un emblème magique, pourquoi ne m'avez-vous pas fait sommation de le produire? Est-ce pour profiter de ce que l'objet n'était pas ici et mentir à votre aise? Mais, grâce à une de mes habitudes, votre fausseté n'aura pas même cette ressource. J'ai pour coutume, partout où je vais, de serrer avec mes papiers l'image d'une divinité et de l'emporter avec moi... Aussi, dès que j'ai appris cette impudente histoire d'une momie, j'ai envoyé en toute hâte à mon hôtellerie chercher le petit Mercure que Saturninus lui-même a fait pour moi. Donnez-le, qu'ils le voient, qu'ils le tiennent, qu'ils l'examinent. Voilà ce que cet impie appelait une momie!...

« Voyez donc! que cette figure est belle, et comme elle respire la vigueur de l'athlète! Quel enjouement dans l'expression du dieu! Quelle grâce dans la barbe naissante qui encadre ses joues! Et ces boucles frisées que l'on aperçoit dans l'ombre sous le bonnet! Et ces deux ailes symétriques qui se dressent si joliment au-dessus des

---

1. *Quod Saturninus, vir gravis et probe inter suos cognitus, in tabernula sua sedens propalam exsculpsit.*

tempes! Avec quelle coquetterie ce manteau se rattache aux épaules! Oser dire que c'est là une momie, c'est n'avoir jamais vu l'image d'une divinité ou les mépriser toutes... »

Si je ne me trompe, il y a plus d'un enseignement à tirer de ce récit si vif et si pittoresque.

Voilà un homme de talent, — la description d'un de ses ouvrages par un fin appréciateur comme Apulée ne permet pas d'en douter, — qui fait des pièces de tabletterie, des ouvrages de tour et des statuettes excellentes par-dessus le marché! Et c'est sur le vu des pièces de précision sorties de ses mains, qu'Apulée lui commande une figurine, certain à l'avance qu'un ouvrier aussi adroit doit être un sculpteur consommé. N'est-ce point exactement l'*ouvrier artiste* tel que le moyen âge l'entendait[1]?

La boutique est ouverte sur la rue; la devanture rabattue en dehors sert de montre, et les échantillons sont rangés sur l'étalage. Il est là, le bonhomme Saturninus, assis sur son escabeau, avec un ou deux apprentis sans doute, travaillant devant les passants et vendant lui-même les objets de sa fabrique, comme le premier venu. C'est bien ainsi que les anciennes miniatures et les jolies vignettes de Jost Amman représentent l'intérieur des boutiques de leur temps[2]; l'artiste est à la fois ouvrier et mar-

---

1. « Celui qui d'un tilleul a su tirer le dieu Mars, ne peut pas être embarrassé pour faire une armoire, » dit Tertullien, *De l'Idolâtrie*, VIII.

2. Le petit volume de Sigismond Feyrabend, illustré par J. Am-

chand. A Rome et à Florence, Benvenuto Cellini avait aussi boutique sur la rue ; il travaillait dans l'intérieur, sous les yeux du public, et mettait à la montre ses croquis et ses maquettes[1].

Sans doute, l'ébène devait être d'une extrême rareté au IIe siècle, pour que l'on ait eu l'idée de faire servir les débris d'un coffret à composer une statuette. Mais, ici encore, je ne puis m'empêcher d'observer combien l'art et le métier sont heureusement confondus. Ce n'est point une besogne d'apprenti que de découper en cent morceaux un coffret, de préparer, de dresser un à un tous ces fragments de bois dur, de formes et de dimensions diverses, de les réunir en un seul bloc assez homogène pour ne pas compromettre les finesses du ciseau. Que de précision dans l'ajustage! Que de délicatesse et de fini dans l'assemblage de toutes ces pièces! On dirait qu'il s'agit d'un chef-d'œuvre de maîtrise. Pour entreprendre et mener à fin une œuvre aussi minutieuse, il fallait à la fois et la pratique consommée du tabletier, — Saturninus la possédait à merveille, — et la passion de l'artiste.

Avouons que, de nos jours, on se serait hâté de

---

man, est intitulé : *De omnibus illiberalibus sive mechanicis artibus*, etc., et les peintres, les sculpteurs, les graveurs figurent à côté des cordonniers, des tailleurs et des barbiers. Dans la préface, Feyrabend dit expressément : *artes mechanicæ ut sutores, sartores, tinctores, sculptores, textores, pelliones, pictores, cerdones*, etc. Voir page 181.

1. « Un jour en passant par-devant ma boutique, Messer Giacomo de Carpi vit les croquis que j'y avais exposés... » (*Mémoires de Cellini*, chap. V.)

prendre un brevet pour ce nouveau procédé ; les cent voix de la presse apprendraient au monde que M^r A en est l'inventeur, que M^r B a imaginé la scie pour découper l'ébène, sans compter M^r C qui a donné les dessins et M^r D qui a sculpté la figure ; et encore ferait-on des jaloux si on ne donnait pas le nom du fabricant de colle et du marchand de bois.

Pauvre Saturninus, tu n'y mettais pas tant de malice! Tu faisais, tout seul et sans tapage, tes petites merveilles de tabletterie ; tu te passionnais pour une pièce artistement ajustée ; tu la travaillais avec amour et, de temps en temps, quand on te le demandait, tu sculptais une figurine ; et c'était un chef-d'œuvre!

MAITRE PIHOURT

ET

SES HÉTÉROCLITES

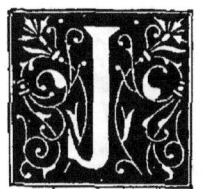E ne me fais jamais prier pour aller faire ma cour à la Renaissance ; on en revient toujours de meilleure humeur. C'est une belle fille, saine, franche, avenante et point sentimentale ; les rêveries et les airs penchés ne sont point son affaire. Elle aime à rire, conte avec une grâce sans pareille, et jamais son histoire n'eut tant d'à-propos.

Ouvrez nos annales quand la France usée, appauvrie, humiliée, se relève à peine de ses ruines, du temps de Louis XI, de Jehan Fouquet et de Michel Colombe, vingt ans avant la conquête de Naples et l'arrivée du premier Italien en France ; la Renaissance est à son berceau. Bientôt elle fera ses débuts dans le monde, à la cour de Charles VIII et de Louis XII, pleine de vie, de fraîcheur et de promesses. Suivez-la dans ses métamorphoses, d'abord incertaine et semi-gothique, hésitant entre les souvenirs de la veille et la révolution du lendemain, se prenant de passion pour l'antique à en perdre la tête; italienne à l'occasion, mais pour la forme seulement et par mode, — car elle entend bien rester française jusqu'au bout; — maîtresse enfin d'elle-même aux grands jours de Henri II et s'épanouissant dans sa triomphante maturité. Quelle leçon et quel encouragement !

A l'heure où nos ennemis chantent si glorieusement notre *De profundis* et s'empressent de nous porter en terre, il est bon de rappeler cette merveilleuse histoire. Non, la France n'est pas si morte qu'on veut bien le dire; elle est sujette à des crises douloureuses, mais les réveils sont éblouissants et l'accès n'est jamais de longue durée : du roi de Bourges au conquérant de Naples l'intervalle n'est que d'un demi-siècle. Et aujourd'hui quand l'art éperdu cherche sa route entre le classique de l'école et la vieille tradition nationale, il faut lui montrer à l'œuvre nos maîtres de la Renaissance. Comme nous, ils se trouvaient en présence de deux rivaux passionnés : le gothique en possession d'une situation acquise, d'un passé séculaire, et le romain arrivant en triomphateur dans les fourgons de Charles VIII. Par quel secret ont-ils combiné ces éléments pour en faire jaillir un art neuf et personnel, mélange savoureux du vieux gaulois et de la jeune antiquité?

On a rompu bien des lances pour et contre ce qu'on appelle *l'influence italienne sur les origines de la Renaissance française,* et la bataille dure encore entre les pontifes de l'antiquité et les paladins du moyen âge. Suivant les uns, l'Italie nous aurait sauvés de la barbarie gothique; suivant les autres, elle a tué l'art national en lui substituant des formules de convention qui ne sont pas dans notre génie. Il me semble que les Italiens ne méritent

Ni cet excès d'honneur ni cette indignité.

Qu'ils aient joué un rôle considérable en France à dater de l'école de Fontainebleau, personne ne s'avise de le contester; mais faut-il, par idolâtrie, les faire entrer en scène *au début même* de notre Renaissance et leur en attribuer l'initiative? J'avoue que mon admiration, si passionnée qu'elle soit pour les maîtres incomparables de la Renaissance italienne, ne va pas jusqu'à dénaturer l'histoire à leur profit.

Sans doute on alléguera la liste officielle des artistes amenés par Charles VIII après la conquête; s'ils sont venus en France, apparemment ils y ont exercé une influence. En poursuivant ce raisonnement, on trouve des armuriers italiens installés à Tours par Louis XI, et ce prince ayant fait venir de

Venise un tableau de Gentile Bellini, le voilà devenu, sans s'en douter, l'un des précurseurs du mouvement italien. Je crois même que l'on a découvert je ne sais quel peintre vénitien à la cour de Charles VII. Mais les raffinés en quintessence archéologique ne s'en tiennent pas là : ils sautent bravement un siècle et demi et décident que l'Italie est entrée en France par Avignon en 1309, avec Clément V et le Giotto. A ce compte rien n'empêche de faire remonter l'infiltration italienne au xe siècle, dans le temps que les Vénitiens venaient en Aquitaine bâtir des églises sur le patron de la basilique de Saint-Marc, comme Saint-Front de Périgueux. On pourrait même, une fois pour toutes, prendre comme point de départ la conquête romaine et ouvrir la liste par Jules César, le prototype des artistes italiens venus dans nos contrées.

Ainsi vont les hypothèses à perte de vue ; mais si un Vénitien a réellement travaillé en France pour la cour de Charles VII, « ce sont des Français qui tracent le plan du dôme de Milan, et un Parisien, Philippe Bonaventure, dirige les travaux ; c'est un maître français qui commence Saint-Pétrone de Bologne[1] ». Jehan Fouquet est allé en Italie précisément à la même époque, il en a rapporté quelque chose, soit ; êtes-vous sûr qu'il ne lui a rien laissé en échange ? Car enfin nos voisins n'ont pas le monopole perpétuel des influences. Leurs

---

1. E. Renan. *Hist. litt.*, II, 211

ouvriers, dit-on, venaient chez nous fabriquer des armes dès le xve siècle, cela est certain; les Allemands et les Espagnols faisaient de même; pourquoi ne parler que des Italiens? Quant à Louis XI, il achetait des peintures à Venise aussi bien que des « bestes estranges en Barbarie et en Dannemarche pour faire parler de luy parmy le monde et qu'on le cuydast sain », c'est Comines qui le dit. Reste l'exemple de Charles VIII, mais il a sa contrepartie. Jules II n'a-t-il pas attiré à Rome toute une colonie française, des brodeurs, des relieurs, des huchiers[1], des peintres comme Antoine d'Avignon, des sculpteurs comme maître Jacques d'Angoulême, des verriers comme le frère Jean et le frère Guillaume? Ce dernier pratiquait même avec succès l'architecture et la peinture à fresque; il travailla beaucoup dans sa nouvelle patrie et fonda une école de peintres-verriers, au rapport de Vasari qui fut un de ses élèves. Trente ans auparavant, nos imprimeurs avaient déjà des ateliers célèbres, Nicolas Jenson à Venise, Jehan Fabri à Turin, Guillaume le Signerre à Milan, Pierre Maufer à Padoue, Jehan Picart et Laurent des Rouges à

---

1. Nos sculpteurs sur bois ont été fort recherchés en Italie pendant tout le xvie siècle. Maître Ambroise et maître Thomas ont travaillé aux belles stalles de Saint-Pierre de Pérouse; à Ferrare, en 1555, nous rencontrons un Parisien, Nicolas Chauvin; à Milan et à Padoue, Rich. Taurin et ses fils; à Florence, en 1519, Benoît Guillomard; à Rome, en 1549, Louis Bonard et Étienne; en 1573, maître Nicolas est chargé de travailler au Vatican. (*Reg. de la Trésorerie secrète*, dépouillés par M. Eug. Muntz.)

Ferrare[1]. Est-ce à dire que la France ait exercé une influence en Italie?

On parle beaucoup, et l'on a raison, de l'enthousiasme des compagnons de Charles VIII à la vue des merveilles de la Péninsule, mais on oublie le lyrisme des Italiens en présence de Chambord qui les laissait pleins *di meraviglia e di stupore, anzi di confuzione,* et de Gaillon qu'ils comparent aux palais enchantés *di Morgana e di Alcina*[2].

Quant aux modes, s'il est vrai que la France ait fait quelques emprunts à l'Italie, il n'est pas moins certain que le Castiglione accuse ses contemporains de singer notre costume et nos allures, *persuadés qu'ils doivent être pris pour de véritables Français et qu'ils en ont l'aisance, mais la vérité est qu'ils y réussissent rarement*[3].

Si je ne me trompe, ces courants variables et passagers, ces menus emprunts de pays à pays sont l'incident journalier de l'histoire et n'ont pas tant d'importance. A force de regarder le passé à la loupe, l'archéologie microscopique finit par grossir démesurément les infiniment petits; le moindre *fait divers* prend les proportions d'un événement considérable, plein de révélations inattendues. Par exemple, on a remarqué que les *sayons* de Charles VIII et de sa cour datent de la conquête de

---

1. E. Piot, *Cabinet de l'amateur.*
2. *Relations des Ambassadeurs vénitiens à leur gouvernement,* II, p. 375 et 490.
3. *Cortegiano,* I, 159.

Naples; on en conclut qu'à la fin du xve siècle les modes françaises sont calquées sur celles d'Italie, et comme l'art et la mode passent pour marcher de compagnie, tout naturellement la France devait peindre, sculpter, bâtir comme elle s'habillait. Ce procédé d'optique promet des découvertes piquantes aux archéologues de l'avenir. Aujourd'hui que nos costumes, nos jardins, nos courses, nos *gentlemen* et beaucoup d'autres choses sont *à l'anglaise,* on ne manquera pas un jour d'affirmer l'influence de l'Angleterre sur l'art français au xixe siècle.

Et puis les textes... — Dieu me garde d'en médire, je leur dois trop de reconnaissance; — mais encore faut-il qu'ils soient éclairés, contrôlés par les monuments mêmes. Or montrez-nous la griffe italienne sur les produits de la Renaissance. Le séjour du Solario en France et son portrait du maréchal d'Amboise ont-ils modifié le faire si personnel de nos portraitistes contemporains? Trouvez-vous chez eux, même chez François Clouet qui leur est postérieur, la moindre parcelle italienne? Au contraire le courant vient du nord; nos peintres ont voyagé dans les Flandres et sont revenus en France par la Bourgogne, mais aucun n'a passé les monts. Nos sculpteurs ont-ils pris davantage les allures italiennes? Je sais bien que Michel Colombe est suspect; on a découvert dans ses comptes de dépenses deux ouvriers florentins ou milanais, preuve évidente, paraît-il, que le maître lui-même sacrifiait aux dieux étrangers; j'ignorais que les praticiens italiens fussent aussi compromettants, et nos sculpteurs, qui les occupent encore tous les jours, feront bien de se tenir sur leurs gardes. Mais comparez le *Saint George* du Louvre avec son voisin le *Louis XII,* exécuté la même année à Milan; l'un est aussi français que l'autre est italien. Les deux statues de Louis Poncher et de Roberte Legendre, malgré leur date avancée, le buste de Comines et celui de sa femme, malgré leur soubassement à l'antique, sont encore des œuvres françaises, comme la statue de la sainte Vierge que le Louvre vient d'acquérir, merveilleux spécimen de la vitalité et de l'indépendance nationales avant la véritable invasion italienne.

A défaut des peintres et des sculpteurs, peut-être les architectes italiens comme Joconde, Dominique Bocadoro et Jérôme Pacherot, amenés par Charles VIII, ont-ils renversé notre vieil édifice et implanté en France la jeune Italie? L'occasion était belle; le gothique se mourait d'épuisement et la cour, enivrée du soleil de l'Italie et des merveilles de la Renaissance, ne rêvait que nouveautés à la place des formules démodées de la veille. Qu'ont fait les protégés de Charles VIII? Le pont Notre-Dame, bâti avec le concours de Joconde, n'a pas été, je suppose, une révélation pour nos vieux tailleurs de pierre rompus de longue main à toutes les audaces du métier. Quant à l'ancienne Chambre des Comptes, personne assurément n'aurait songé à la prendre pour italienne, n'était une vieille inscription et le témoignage de plusieurs historiens affirmant que Joconde en est l'auteur. Le bâtiment était purement français, et même ogival en partie, avec tourelles d'angle, lucarnes à pignon aigu, combles en pointe, pinacles et meneaux. L'Hôtel de Ville de Paris, commencé sur les plans du Bocadoro, présentait la même singularité : « En 1549, dit Sauval, l'ordonnance de ce palais ayant semblé *gothique*, on en réforma le dessin. » Ainsi, voilà deux Italiens venus à la suite de Charles VIII qui, loin de nous apporter les nouveautés de leur pays, s'empressent d'emboîter le pas à nos artistes et de tailler leurs constructions sur le patron français, trouvant sans doute qu'il n'y a rien de mieux à faire. Le troisième, Jérôme Pacherot ou Pacchiarotti, a travaillé à Gaillon, mais dans quelle mesure ? Assurément le portique à clefs pendantes n'est pas de lui, ni la chapelle ogivale, ni les arcs en anse de panier, ni les dentelles, ni les hautes lucarnes, ni les fenêtres à meneaux et à chambranles compliqués ; à moins que Pacherot, comme ses deux compatriotes, n'ait voulu faire du français à son tour. Le principe architectural de Gaillon, comme celui de tous les édifices similaires, dérive des constructions en bois, c'est-à-dire d'un type qui nous appartient exclusivement et n'a pas d'analogue en Italie. Mais si l'étoffe, la coupe, la forme et l'ajustement sont français, je conviens que la broderie est italienne. Ce luxe merveilleux d'arabesques qui grimpent dans les pilastres, se déroulent le long des frises, s'épanouissent dans les trumeaux, est franchement méridional et l'honneur en revient à l'Italie. Voilà sa part dans le premier enfantement de la Renaissance; il faut le reconnaître sans donner à un nouveau procédé de décoration l'importance d'une réforme architecturale, encore moins d'une révolution qui bouleverse de fond en comble une école séculaire. Si, parmi les Italiens venus en France à *cette époque,* quelques-uns ont bâti *exclusivement à l'italienne,* — ce qu'il faudrait prouver par des titres bien authentiques, — ce sont des exceptions fort rares et qui ne pourraient que confirmer la règle. L'école indigène continue à rester française; elle accomplit son évolution à côté de l'Italie et en dehors de sa véritable action.

— Mais, me dit-on, votre Renaissance n'est pas un phénomène de génération spontanée, éclos un beau matin sur les bords de la Loire. Vous admettez bien un principe créateur, une influence quelconque? — Sans doute, mais une influence autrement vaste et féconde que la vôtre, l'influence de l'antiquité, cause première du grand épanouissement européen des xve et xvie siècles.

Un souffle de renouveau courait alors sur le monde. A peine sortie des fouilles ou échappée des couvents sur les ailes de l'imprimerie, l'antiquité avait envahi l'Italie; elle commençait à pénétrer en France, en Espagne, en Allemagne, dans les Flandres et jusqu'en Angleterre. Déjà nos vieux maîtres, entraînés par le courant, s'essayaient à parler le nouveau langage, mais avec l'accent gaulois et une gaucherie naïve, pleine de charmes, quand parurent certains Italiens venus à la suite de Charles VIII et de Louis XII. Il faut bien le dire, à part quelques brillantes exceptions, cette première colonie se composait d'élèves excellents sous l'œil du maître, mais qui ne pouvaient manquer, une fois dépaysés et livrés à eux-mêmes, d'affaiblir les qualités et d'exagérer les tendances de leur école; du reste, ne doutant de rien et pensant avoir affaire à des barbares. On imagine aisément de quelle façon ces nouveaux venus furent accueillis par nos gens gouailleurs et convaincus de leur supériorité. L'art nouveau était encore très-peu connu en France; on ne l'acceptait qu'avec réserves. On ne voulait pas, comme nos voisins, se griser d'antiquité; ses plus chauds partisans lui reconnaissaient des qualités propres à refaire le tempérament national, mais à condition de la prendre avec mesure, à petites gorgées et sans aller jusqu'à la dose italienne. La campagne ultramontaine se borna donc cette fois à des succès de cour ; elle fut sans influence sur l'école. Nos maîtres, esprits positifs, voulaient se rendre compte et juger par eux-mêmes avant d'aller plus loin. De ce jour datent leurs premiers pèlerinages en Italie. Mais allaient-ils chercher des professeurs d'italien et prendre des leçons d'antique dans les merveilleuses traductions de Bramante et de San Gallo? Nullement; leur voyage avait un but plus pratique :

ils voulaient mesurer les ruines, relever les proportions des temples et des thermes, en un mot, apprendre l'art ancien directement et sur place. L'antiquité est donc le fonds commun où l'Italie et la France, après elle, ont puisé. Nos voisins nous ont devancés, ils nous ont montré l'exemple, nous ont révélé la fontaine de Jouvence ; cela va de soi, elle coulait chez eux. Mais ce n'est pas de seconde main et dans des flacons marqués de leur étiquette que nous avons bu l'eau miraculeuse ; nous sommes allés à la source même.

Cette attitude de nos corporations ne pouvait échapper à Léonard de Vinci. Ce grand maître était le mieux fait pour parler à nos intelligences et s'en faire écouter ; mais, du premier jour, il comprit que l'heure n'était pas venue, que la France était dans la bonne voie, et qu'en se mêlant de ses affaires on risquait de froisser inutilement des susceptibilités. Il eut grand soin de se tenir sur la réserve jusqu'au bout, étranger à nos artistes et absorbé dans ses études d'ingénieur. Après un séjour de trois ans, le seul Italien qui aurait pu agir sur nos écoles disparut sans laisser de trace (1519).

François Ier attendit douze ans avant de lui donner un successeur ; la France, ruinée par les guerres avec Charles-Quint, n'était plus assez riche pour faire les frais d'une nouvelle expérience. La Renaissance pouvait encore grandir sans tutelle et jouir de ses dernières années de liberté, années glorieuses entre toutes qui nous ont valu Chambord, une des plus étonnantes créations du génie français. Mais, après le traité de Cambrai, François Ier se reprit à penser à l'Italie ; il commit la faute de vouloir remplacer Léonard et fit venir le Rosso de Florence (1531). L'art italien allait s'installer officiellement à Fontainebleau.

La première évolution de la Renaissance s'était faite sous l'inspiration saine et fortifiante de l'antiquité ; cette fois, l'influence est purement italienne. Le nouveau maître florentin amenait avec lui tout le bagage des imitateurs dégénérés de Michel-Ange, poses théâtrales, effets musculaires, pratiques d'atelier et, pendant quarante ans, du Rosso au Primatice, l'Italie allait exporter en France son trop-plein d'artistes et d'ouvriers, débordement de commis voyageurs *en grand style* où l'on compte à peine quelques hommes de valeur.

Comment cette nouvelle invasion fut-elle accueillie en France? Si le génie antique trouvait dans notre tempérament des affinités latines de vieille date et une assimilation facile, notre estomac devait moins s'accommoder du régime italien tel qu'on le comprenait alors : nous sommes plus gourmets et n'aimons pas tant de muscles et de nerfs, d'assaisonnement et de boursouflures. A la longue la pléthore nous eût tués, comme elle finit par étouffer l'Italie même. Heureusement la province était là ; elle nous sauva.

C'est une page curieuse de notre histoire que cette résistance des écoles provinciales aux nouvelles doctrines de Fontainebleau[1]. La province protestait non-seulement contre le maniérisme et le faux goût de la nouvelle école, mais encore contre son principe. Très-jalouse des anciennes libertés, fidèle au vieil esprit des corporations, elle n'entendait pas accepter à tout propos le mot d'ordre de la cour et s'incliner devant le formulaire de Fontainebleau; elle trouvait fort mauvais que, de par le roi, on fût libre de peindre ou de bâtir sans avoir passé par l'apprentissage et tous les degrés de la maîtrise[2]. Sans doute on pouvait critiquer l'organisation ancienne; le monopole des corporations devenait trop exclusif, l'extrême indépendance des écoles et le défaut de solidarité amenaient fatalement l'éparpillement de la doctrine. Mais fallait-il rompre brutalement avec le passé et se laisser absorber par une autorité unique, sans contrôle, qui menaçait de cristalliser l'art dans le moule italien? L'opposition de la province, — nommez la clairvoyance, instinct ou routine, — fut sage et bien avisée. En défendant le terrain pied à pied, elle contenait les envahisseurs, ménageait la transition et facilitait un compromis honorable entre les deux adversaires.

Noël Du Fail, qu'il faut toujours interroger quand on veut bien connaître l'esprit provincial du temps, raconte, à ce propos, une anecdote significative.

---

1. Vitet, *Études sur l'histoire de l'art,* Eust. Lesueur, p. 125.
2. L. Courajod, *École royale des élèves protégés,* XLV.

Jean de Laval, le mari de la belle Françoise de Foix, se faisait construire un nouveau manoir à côté de l'ancienne forteresse féodale de Chateaubriant. Les travaux, interrompus par les visites de la comtesse à la cour et les absences de son mari en Italie, avançaient lentement, — ils devaient durer quatorze ans, — et les fondations étaient à peine achevées quand Laval rentra définitivement en France. Peu de temps après (1531), il était nommé lieutenant général du roi et gouverneur de Bretagne.

Devenu tout à coup le second personnage du royaume, Laval trouva sans doute que les premiers plans du château n'étaient plus à sa taille. Il résolut de remanier l'édifice, d'en faire, coûte que coûte, la merveille de la Bretagne et de confier ce travail à une réunion d'architectes choisis parmi les plus renommés.

C'était le cas de s'adresser aux Italiens; en se jetant dans leurs bras, on était sûr de plaire d'emblée au roi et à la cour. Mais le comte était mieux qu'un courtisan : il avait du goût et s'entendait aux belles choses. Les campagnes d'Italie lui avaient donné l'occasion d'étudier et de comparer; son opinion était faite. Il se décida pour nos artistes et convoqua sur le terrain *les grands ouvriers de toute la France,* dit Noël Du Fail, pour prendre leur avis.

Je ne veux pas surfaire, pour les besoins de ma cause, les préférences du comte de Chateaubriant;

mais son patronage éclatant montre combien nos artistes étaient appréciés, même à la cour, et donne la mesure de la prétendue omnipotence italienne avant l'école de Fontainebleau.

Du Fail n'indique pas la date de ce congrès remarquable ; on peut, je crois, la fixer en 1532[1], lors du voyage en Bretagne de François Ier, qui passa six semaines à Chateaubriant chez Jean de Laval (mai et juin 1532). Le roi voulait dire son mot sur tout ce qui se bâtissait dans son royaume ; il avait prié le Rosso de l'accompagner, comptant bien n'agir que d'après ses inspirations. Arrivé depuis un an, maître Roux n'avait encore que le titre de « peinctre ordinaire », mais on lui ménageait des surprises. Ses lettres de naturalisation, datées de Chateaubriant même (mai 1532), prévoient d'avance les « bénéfices et dignitez ecclésiastiques dont il pourra estre justement et canonicquement pourveu ». On peut donc admettre que le roi, fort engoué de son nouveau favori et connaissant les beaux projets de Laval, ait tenu à ce que le Rosso prît part à ces grandes assises de l'architecture

---

1. Il est constant que le château fut commencé en 1524, mais Du Fail ne dit pas que les architectes français aient été convoqués à cette époque. Jean de Laval a fait toutes les campagnes d'Italie, et il n'est pas probable que la comtesse ait pris sur elle de réunir un congrès de cette importance en l'absence de son mari. D'ailleurs Du Fail raconte en général des aventures personnelles ou contemporaines. Il est né de 1515 à 1520 et il a pu, dans sa jeunesse, assister à la plaisante mystification de Pihourt ou l'entendre raconter comme un fait très-récent. L'hypothèse de 1532 semble donc très-vraisemblable.

française pour y développer les théories nouvelles et imprimer aux délibérations une direction italienne. Dans ce cas il serait piquant de connaître les débats de ce concile au petit pied, où François Ier et le Rosso défendaient les doctrines ultramontaines devant une assemblée de vieux maîtres gallicans, élèves de la Renaissance française.

Quoi qu'il en soit de ma conjecture, le congrès se réunit à Chateaubriant et, comme de raison, se partagea tout d'abord en deux camps. Les uns, minorité bruyante, arrivaient de Paris et de Fontainebleau; c'étaient les courtisans beaux diseurs, — on en trouve même parmi les architectes, — ne parlant que de *colonnes, d'ordonnances, de cariatides*[1], et traitant de haut tous ces petits maîtres maçons de province. Ceux-ci, élevés dans les maîtrises provinciales, nourris de leur esprit et ne recevant la consigne de personne, restaient sur la réserve et laissaient dire. Leur programme était arrêté d'avance : ils s'en tenaient à Chambord et aux méthodes françaises, convaincus que le Rosso et les siens, avec tout leur tapage, ne seraient jamais de taille à en faire autant.

Dans le camp des irréconciliables était maître Pihourt, de Rennes, un bonhomme qui avait con-

---

1. « Ie ne me puis garder quand j'oy nos architectes s'enfler de gros mots de *pilastres, architraves, corniches*, d'ouvrage Corinthien et Dorique et semblables de leur jargon, que mon imagination ne se saisisse incontinent du palais d'Apollidon; et par effect, ie trouve que ce sont les chetives pieces de la porte de ma cuisine. » Montaigne, I, LI.

servé les vieux termes du métier, les vieux principes, le costume d'autrefois et surtout le franc parler à la gauloise. Thomas Pihourt n'est pas un inconnu : le seul fait d'avoir été convoqué à Chateaubriant prouve sa notoriété. Mais nous savons qu'il était l'architecte, — on disait alors *maître maçon* ou *maçon* tout court, — du chapitre de Rennes et qu'il venait de restaurer le chœur de la cathédrale (1527)[1]. Voici ce que raconte Noël Du Fail : « Quand Pihourt, maçon de Rennes, monté sur sa jument, botté de foing, ceinct sur sa grand'robe et le chapeau bridé, allant à Chasteau-briant pour l'édifice d'un beau chasteau, oüyt les grands ouvriers de toute la France illec mandez et assemblez, qui n'avoient autre mots en bouche que frontispices, piédestals, obélisques, coulonnes, chapiteaux, frizes, cornices (corniches), soubassemens, desquels il n'avoit onc ouy parler, il fut bien esbahy ; et son rang venu de parler, — eux attendans quelque brave desseing, — leur dict, payant en monnoye de singe : *estre d'advis que le bastiment fust faict en franche et bonne matière de piaison compétente selon que l'œuvre le requeroit.* S'estant retiré, fut de toute l'assemblée jugé pour un très-grand personnage, qu'il le faloit ouyr plus amplement sur cette profonde résolution qu'ils ne pouvoient assez bien comprendre, et qu'il sçavoit plus que son pain

---

[1]. *Mélanges d'histoire et d'archéologie bretonnes,* tome II ; notice de M. Alfred Ramé.

manger. Mais le paillard demeurant en sa victoire se retira, disant : *ne se pouvoir achommer* (qu'il ne pouvait demeurer) *davantage, et que les manches du grand bout de cohue ne pourroient aller de droict fil sans luy et selon l'équipolation de ses hétéroclites.* Ce qui les estonna encore plus, ne sçachans ce qu'il disoit, et de là est venu ce soubriquet : *résolu comme Pihourt en ses hétéroclites*[1]. »

On voit que maître Pihourt raisonne à la façon des médecins de Molière. Je ne sais si ses beaux arguments firent leur effet et décidèrent l'assemblée, mais l'influence nationale l'emporta ; le château de Jean de Laval est encore debout, et la Renaissance française y a mis sa signature en toutes lettres. Le parti pris des lignes verticales nettement accusé par de longues fenêtres à meneaux se prolongeant en lucarnes monumentales, les toitures s'élevant en pointe, les piliers à pans, les escaliers à vis et les chapiteaux à double pente sont autant d'hérésies que personne ne mettra sur le compte des adorateurs exclusifs de l'antiquité. Toutefois certains détails de décoration ne paraissent pas de la même main que le reste ; Jean de Laval, par déférence pour son maître, a-t-il voulu donner un dédommagement aux Italiens ? Leur a-t-il permis d'ajouter à l'édifice quelques agréments de leur façon, comme ces bustes en marbre blanc placés jadis dans des

---

[1]. Noël Du Fail, *Contes et Discours d'Eutrapel*, chap. XXXIII, *de la Moquerie*.

niches en pierre noire sur les trumeaux du premier étage? Voilà un pauvre décor et une idée étrange qui n'a rien de français; le Rosso a bien pu passer par là.

En saluant à sa manière l'arrivée des Italiens, le vieux maître maçon de Rennes parlait au nom des corporations de province : c'était leur déclaration de guerre. Plus tard, l'opposition devient générale; tout ce qui tient la plume et ne touche pas de trop près à la cour se met de la partie et la lutte continue jusqu'aux derniers Valois, aussi gauloise et frondeuse que jamais. On connaît les grandes colères d'Henri Estienne et les *Regrets* de Joachim du Bellay; Ch. de Sainte-Marthe, Poldo d'Albenas, Du Fail et les autres donnent leur coup de dent en passant. Sous Henri III, le Périgourdin Montaigne gourmande encore les jeunes gens qui vont en Italie « pour en rapporter combien de pas a Santa Rotonda ou la richesse des calessons de la signora Livia »; et Philibert de l'Orme traite vertement les peintres italiens qui se mêlent de faire les architectes : « par leurs beaux portraits, dit-il, et une je ne sçay quelle témérité accompagnée de grand nombre de paroles et d'arrogance, ils déçoivent les hommes crédules, et se persuadent et promettent incontinent estre les primes du monde et avoir merité d'estre reputez grands architectes. »

Car Philibert de l'Orme n'aime pas les Italiens et n'accepte leurs nouveautés que sous bénéfice d'inventaire; malgré son séjour en Italie et à la cour, l'ancien apprenti lyonnais conserve tout l'esprit des maîtrises de province et tempère les deux principes avec un rare bon sens. Ce double caractère donne au vieil artiste une physionomie à part, qui résume à merveille le mouvement national du xvie siècle. De l'Orme est un Français qui est allé en Italie étudier l'antique, en est revenu converti, et n'a sacrifié ni son indépendance, ni sa personnalité; l'entêtement de sa province l'a sauvé. Toute l'histoire de notre Renaissance est là.

LES PROPOS
DE
MAITRE SALEBRIN

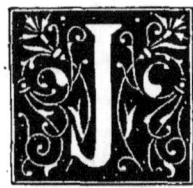'AVOUE que j'ai été un peu surpris quand on a annoncé *Maître Étienne Salebrin, huchier-menuisier du roi Henri deuxième et garde du métier*. Quelque blasé que l'on soit à l'endroit des revenants, une visite aussi inattendue n'en cause pas moins un certain saisissement.

Le personnage n'avait pourtant rien de bien effrayant. C'était un petit homme, vêtu comme vous et moi, tout rond, le teint coloré, pas de barbe, deux petits yeux pleins de feu, cheveux grisonnants, courts et drus. Il s'excusait de la liberté grande et demandait la permission de jeter seulement un coup d'œil sur les meubles du salon. J'en ai profité pour le faire causer.

Maître Salebrin est un original. Il a beaucoup vu depuis sa mort, mais il est resté sur ses vieilles idées ; selon lui, les arts ne sont pas en progrès, l'ouvrier n'est pas plus habile ni plus heureux, le patron n'est pas plus éclairé, la société n'est pas meilleure et les immortels principes ne sont pas les plus parfaits du monde. Ces gens de l'ancien régime sont tous les mêmes. Brave homme au demeurant et sachant son métier, mais vif comme la poudre malgré ses 360 à 375 ans ; on ne lui donnerait jamais son âge.

Le singulier petit vieillard ! J'entends encore son pas rapide et sonore, car il a tout voulu voir. Il allait, il venait, et tout à coup poussait un cri en sautant en arrière : c'est qu'il apercevait un objet moderne. Une minute après, quelle joie ! quel large sourire ! Il volait, les mains tendues, comme pour souhaiter le bonjour à un vieil ami :

« Oui-da ! disait-il, voici une ancienne connaissance ; c'est bien cela. » Et redressant sa petite taille : « Voilà comme nous comprenions le meuble de notre temps. Regardez cette table : la grande tournure de ces quatre chimères en manière d'éventail, et le bel enroulement de la traverse, et ces deux rallonges si habilement imaginées et si proprement ajustées. Jour de Dieu ! la belle menuiserie, taillée à point, ni trop, ni trop peu. Et cette console soutenue par deux harpies fièrement campées sur des lions : c'est élégant, riche, hardi et de bon goût comme un grand seigneur. On reconnaît du premier coup la main de Philippot le Lyonnais, un habile homme, mais qui finit par se laisser endoctriner par ces maudits Italiens. Que voulez-vous? Lyon est sur la route de Florence à Paris, les jolies filles y foisonnent ; on italianisait le pays en passant. Et puis le feu roi avait la manie de tout prendre à l'Italie : ses peintres, soit ; mais, pour bâtir des maisons et tailler des meubles ou des images, nos gens en savaient aussi long que les ultramontains.

« Tenez ! voici de l'œuvre française jusqu'au bout des ongles : une crédence petite, commode, à la main, et plaisante à voir ! Pourtant rien n'est plus simple ; mais tout se tient, tout est bien assis, les lignes sont heureuses, la proportion à point, chaque ornement bien à son lieu. Remarquez, je vous prie, comme tout accuse un ouvrage en chêne : la charpente nerveuse, les profils sobres, la sculpture large et grasse, l'aspect robuste ; tandis que ces armoires en noyer, par exemple, sont traitées plus finement, avec plus de souplesse, et comme pour un usage plus délicat. Voilà bien l'art du bois, un art franc, sans supercherie, qui saute aux yeux du premier coup et dit tout ce qu'il est. O modernes Parisiens, adorateurs des faux dieux, pourquoi n'en faites-vous plus autant ?

« Je ne suis, j'en conviens, qu'un vieux maître-huchier, fort amoureux des méthodes et des coutumes du temps passé, choses très-ridicules aux yeux de la jeunesse d'à présent. Mais laissons les écoliers se gausser des maîtres, c'est de leur âge. A chaque siècle son œuvre; vos jeunes gens ne mangeraient pas aujourd'hui des noisettes, si leurs pères n'avaient pas eu la dent assez solide pour leur en casser la coque; n'est-il pas vrai?

« Causons donc un peu, s'il vous plaît. Pour être mort depuis trois siècles, je n'en connais pas moins mon métier et, par sainte Anne, ma patronne, je distingue aussi facilement un gentil ouvrage d'une pièce manquée, qu'une varlope d'un bec-d'âne! »

Je m'inclinai; le bonhomme continua : « Vous n'avez plus ni corps de métiers, ni jurandes, ni maîtrises, ni priviléges d'aucune sorte. Entre nous, les corporations avaient du bon : elles entretenaient l'émulation, elles conservaient la tradition et fermaient la porte aux médiocrités. Mais, un beau jour, l'avalanche a passé et a tout emporté. N'en parlons plus. A la place, on vous donne la liberté et la machine. Voyons un peu quel parti vous allez en tirer.

« Sans doute, vos écoles émancipées vont faire merveille; vos architectes, vos peintres, vos sculpteurs vont inventer des formes ingénieuses et nouvelles, appropriées aux découvertes de la science et aux besoins du siècle, la machine va les reproduire à l'infini. Allons! voici les chemins de fer et les bateaux à vapeur qui attendent : inondez le monde de vos chefs-d'œuvre!...

« Eh bien, non. Ces enfants incorrigibles gaspilleront toujours les trésors du bon Dieu. La liberté, la machine, la science ne seront pour eux que des instruments d'une concurrence effrénée, au bout de laquelle il n'y a que banalité et pacotille. Au lieu de créer, ils copieront et recopieront jusqu'au dégoût les anciens modèles. Pour produire plus vite encore et à plus bas prix, ils imagineront la division du travail, exécrable invention qui isole les forces et détruit cette communauté de pensées et d'efforts sans laquelle on ne crée point de belles choses. Voyez les enfants de l'amour, ils sont tous beaux ! Et, dans ce grand naufrage, l'art excellent et si parisien du mobilier, un art que Ducerceau et Jean Goujon lui-même ont illustré de leurs mains sacrées, ira échouer dans l'atelier du tapissier !... »

Ici le bonhomme Étienne s'arrêta pour reprendre haleine ; il s'assit et essuya, du bout de sa manche, de grosses gouttes de sueur qui lui découlaient du front.

Au bout d'un instant, il se leva et reprit silencieusement sa promenade. Je le voyais s'arrêter ici, prendre un objet, le retourner, le caresser de la main ; plus loin, il tirait de sa poche un vieux pied de roi ; mesurant chaque partie, relevant et comparant les profils. Il ouvrait les portes, faisait jouer les tiroirs.

« Leur jeunesse est plaisante, en vérité, disait-il comme se parlant à lui-même ; elle se figure que notre métier est le premier venu ; au besoin, elle le chansonnera. Elle oublie qu'il tient de l'architecture par la construction, l'ordonnance, la composition ; de la sculpture, par les reliefs et les ornements entaillés ; de la peinture et de la gravure, par la marqueterie, la combinaison des couleurs, l'enrichissement des parties. Je vais plus loin. Un monument ne se fait qu'une fois, il n'a qu'une édition et on ne le voit qu'en passant. Les meubles, au contraire, se tirent pour la plupart à des milliers d'exemplaires. Ils pénètrent dans la famille, ils nous entourent, ils font partie de notre intimité, ils vivent de notre vie. Enfants, nous les avons vus ; vieillards, nous les verrons encore. Et, si les formes sont banales, roturières, barbares, pensez-vous que l'œil ne s'en ressente point, et que l'accoutumance du mauvais goût ne soit pas contagieuse ? Les femmes de Sparte, quand elles se sentaient grosses, faisaient placer autour de leur lit les images des dieux et des héros, pour s'en pénétrer pour ainsi dire par les yeux et mouler leurs enfants sur ces beaux modèles ; et elles avaient raison.

« Je sais bien que vous ne manquez pas de braves gens qui s'évertuent à découvrir tel ou tel procédé persan ou japonais, à contrefaire la fabrique d'un dressoir ou d'une chaire antique. D'autres ont la folie du détail, ne laissant rien passer qui ne soit léché, poli, ratissé avec amour, ajusté et fini à perfection ; ouvriers admirables et aussi prodigieux, à coup sûr, que le galérien qui découpe à la pointe du canif un vaisseau tout gréé dans une noix de coco.

« Étudiez donc autrement les anciens, non pour les parodier, mais pour les comprendre. Ne vous attardez point à la surface, à l'écorce; allez plus outre. Il faut pénétrer au cœur même de l'œuvre et en extraire le suc. Or, au fond de toute pièce de maître, vous trouverez ce que nous appelions la bienséance ou, pour parler votre langue, l'accord entre la forme, la matière et la destination. Vous trouverez l'extrême simplicité de moyens, la bonhomie d'exécution, la conscience, l'horreur du faux, du joli et du vulgaire, et mille autres choses que vous auriez bien besoin d'apprendre.

« De mon temps, le plus petit ouvrier savait tout cela par cœur, et c'est bien simple. Les fils de vos menuisiers se font avocats, les nôtres continuaient l'état du père et s'en faisaient gloire. En héritant de l'établi paternel, on héritait des traditions de famille, qui passaient d'une génération à l'autre et que l'apprenti n'avait pas besoin d'aller quérir dans les écoles. C'était son patrimoine et, à parler franc, le plus clair de son bagage de savant.

« Il lui restait à faire ses six ans d'apprentissage et le chef-d'œuvre; nous y mettions le temps, mais nous formions des hommes. Le soir, après le travail, on se faisait la main avec le crayon et l'ébauchoir, — car la terre à modeler est encore le meilleur maître pour apprendre à voir clair et juste. — Ceux qui avaient du nerf et voulaient arriver étudiaient dans les livres l'architecture, la perspective, la géométrie. Le reste, on l'apprenait devant l'établi. Le goût était dans l'air, le bois vif et bien sec, les outils solides, et le bon sens, dame! logeait dans les cervelles. Voilà en gros tout notre secret.

« Vous avez changé tout cela, je le sais, et vous faites de l'art à la nouvelle mode. La tradition ayant déménagé avec tant d'autres vieilleries, il fallait bien la remplacer par quelque chose. On a inventé les académies; on a des savants, des beaux parleurs, des docteurs en esthétique, en métaphysique, en théorique et autres fanfares. Tout cela est fort bien, pourvu qu'on n'en abuse pas. Jean de Connet, peintre-verrier, était aussi un parleur excellent sur les choses de son art; seulement, comme il avait l'haleine punaise (c'est maître Palissy qui en fait l'histoire), les couleurs se décomposaient sous son pinceau, et il ne produisait rien qui vaille. Ne parlez pas tant, de peur de ressembler à Jean de Connet.

— Halte-là! maître Salebrin, fis-je en me levant, vous allez trop loin... » et j'allais répondre. Peine perdue! le bonhomme une fois lancé, on ne l'arrêtait plus, il prenait le mors aux dents.

« Au diable! s'écriait-il, jadis nous aurions donné tous les pédants et tous les bavards du monde pour le moindre morceau montrant la griffe du maître. La tradition, la tradition! hors de là, en religion comme en matière d'art, il n'y a que désordre, anarchie et gargouillades. Ne vous récriez pas, ne me parlez pas de tyrannie, de despotisme et de lisières. Chacun de nous avait ses coudées franches, je vous en réponds. Mais regardez donc quelle liberté, quelle verve, quelle gaieté de travail! Partout mille gentillesses, mille inventions naïves et piquantes! partout la sève qui déborde, le sang riche et l'entrain de la jeunesse! Vive Dieu! le bon temps pour les arts!

« Tous les dix ans, un ouvrier de génie sortait de terre, rajeunissait les écoles et donnait le ton. Il s'appelait tantôt Pierre Trinqueau, tantôt Jean Cousin, Bullant, Jean Goujon, ou Mr de Clagny; et toute la province emboîtait le pas, ceux de la Touraine avec Juste et Geoffroy Tory, les Lorrains avec Ligier Richier, les Bourguignons avec Hugues Sambin, les Lyonnais avec le petit Bernard, les gens d'Orléans avec maître Stephanus, et ceux de Toulouse avec Nicolas Bachelier. Ces généreux maîtres nous fournissaient à pleines mains des dessins, des modèles. Ils n'étaient pas si grands seigneurs que les vôtres, et ne croyaient pas déroger en nous aidant de leurs conseils, en mettant même la main à notre pâte. Quand la bourse est inépuisable, on peut jeter impunément l'argent par les fenêtres. Chez vous, on prend vite un brevet pour la plus mince idée, et l'on court déposer ses modèles aux prud'hommes, comme une trouvaille, pauvres gens!

— Mais enfin, dis-je à mon tour, quand je pus placer un mot, nous ne sommes plus à la Renaissance, c'est entendu. Les idées, les outils, les ouvriers, les exigences, tout est changé. Que ce soit un bien ou un mal, qu'importe? Le fait existe, il faut l'accepter. Donc, envoyons respectueusement vos vieilles traditions dans la vitrine du collectionneur et marchons avec notre siècle. Quant à moi, je n'en veux jamais désespérer.

— Désespérer du siècle, mon enfant! reprit le vieillard avec mélancolie; Dieu me garde de pareille ingratitude! A chacun son œuvre, vous ai-je dit, et la vôtre est assez brillante pour ne vous laisser rien envier au passé. Le monde est en travail, de quoi? C'est le secret de Dieu; mais à voir comme la fermentation est puissante, tumultueuse et comme l'écume remonte à la surface, je vous le dis, le vin sera bon pour vos neveux.

« Cependant ne gâtez pas votre ouvrage. Parce que les inventions vous ont réussi, ne tentez pas d'inventer à nouveau des choses que vos pères ont trouvées après des siècles d'efforts et de tâtonnements. Croyez-moi : j'ai l'expérience des idées nouvelles. J'ai vu la première explosion de l'imprimerie, la découverte de l'Amérique, la réforme et, en 1503, le dernier jour de décembre (je m'en souviens comme d'hier, j'avais alors quinze ans), mon maître me congédiait pour avoir osé assembler une pièce d'onglet à la nouvelle mode, au lieu de l'assembler carrément comme les anciens. Vous voyez que je n'en suis pas à mon apprentissage de nouveautés.

« Vous avez de nouvelles exigences, de nouveaux engins? Servez-vous-en, morbleu! comme je me sers de cet habit moderne sous lequel on reconnaît toujours le vieux Salebrin... »

Et par le fait, en y regardant de près, sa large redingote brune ne ressemblait pas mal à une houppelande, et son petit chapeau à une toque; le pantalon avait l'ampleur d'un haut-de-chausses, et, à tout moment, le bonhomme plongeait ses deux mains dans les poches de son gilet, comme autrefois dans sa ceinture.

« Imitez les maîtres de la Renaissance. Ils ont pris l'antiquité comme un habit neuf pour remplacer l'ancien, qui montrait la corde; mais ils se sont bien gardés de changer le vieil homme, je veux dire le sens pratique, la clarté, l'à-propos, l'imagination, la souplesse, la sobriété, l'esprit, le feu, le génie national en un mot. Avant comme après la Renaissance, nous sommes restés Français. Gardez vos traditions, votre bien propre, votre suprématie la plus légitime. Vous en avez perdu le secret! Tâchons donc de le retrouver.

« Et d'abord, la photographie va vous livrer à bas prix les *fac-simile* des dessins de maîtres; choisissez de préférence les dessins propres à l'industrie, — nous ne faisons pas ici pépinière de peintres, — et remplacez au plus tôt les estampes de parfumeurs qui empoisonnent vos écoles. Demandez à l'électricité des reproductions exactes de tous les chefs-d'œuvre de l'art familier des anciens, et envoyez-les encore dans vos écoles qui ne les connaissent point. Vous avez au Louvre, à Cluny, à la place Royale, des galeries qui vous ouvrent libéralement leurs trésors ; vous avez une armée de curieux qui sèment dans le pays une foule de petits musées privés. C'est bien. Créez de plus à Paris un musée industriel où l'ouvrier puisse saisir d'un coup d'œil ce que ses aïeux du XIIe au XVIIIe siècle ont su faire d'une table, d'une armoire, d'une serrure, d'un chandelier, d'une pièce de vaisselle, en somme, un recueil de toutes les spécialités séculaires de la grand'ville.

« Voilà donc l'art ancien remis à sa place, solidement représenté et dépouillé de tout alliage. Il pénètre partout, jusqu'au fond des écoles de province, ramenant avec lui la tradition en croupe.

« Croyez-vous qu'à ce spectacle l'ouvrier ne se mettra pas à réfléchir, à comparer ? Croyez-vous que des esprits originaux et hardis ne se sentiront pas la démangeaison de greffer à leur tour quelque chose de neuf sur le vieux tronc traditionnel ? Je n'en demande pas des centaines. Trois talents valent mieux que dix mille médiocrités ; ceux-là seulement donnent le branle et font une école.

« Ne vous préoccupez pas du goût. C'est un produit du sol ; il est toujours là, enterré sous une couche de préjugés et de routine ; mais qu'on le décape proprement, il reluira.

« Le bon sens est une autre affaire. La plante ne réussit pas précisément chez nous en toute saison ; il me semble pourtant, à certains signes, que le moment est bon. On m'a parlé là-haut d'un groupe d'hommes de bonne volonté, convaincus et tenaces, qui se sont mis en tête de rendre aux arts parisiens leur ancienne splendeur. Sainte Vierge Marie, dame très-débonnaire, vous que j'invoquais avant de prendre l'outil pour m'accorder de parachever mon œuvre à votre gloire, daignez seconder leur généreuse entreprise!

« A l'œuvre donc, mes amis! Une nouvelle invasion de barbares vous menace ; prêchez la grande croisade du bon sens. Sus à l'ennemi, au trompe-l'œil, au zinc-bronze, au papier-cuir, au carton-pâte, au simili-marbre, au simili-pierre, à tous les *simili*, *pseudo* et *mimo* qui grouillent autour de nous! arrière les vilenies en papier mâché, les placages fondant à l'humidité, les meubles d'exportation et de camelotte, votre déshonneur par tout le globe! Point de quartier pour les élucubrations sans vergogne, le faux bois en cuir, la fausse porcelaine en verre, les faux vitraux en papier, les fausses faïences en plâtre, les faux tapis en drap colorié, les contrefaçons manquées, le faux Louis XIV, le faux Louis XVI, le faux moyen âge, et tout le faux luxe à bon marché!

« Place à la logique, aux idées simples, aux formes claires, pratiques, rationnelles, à la colle qui tient, au meuble solide et d'aplomb montrant de quoi il est fait, à quoi il sert et comme il se manœuvre ; place aux nouveaux modèles appropriés aux besoins et aux moyens du jour ; place au mobilier du xixe siècle !

« Et, quand tu rentreras enfin dans Paris, ô suprême bon sens des aïeux, que d'hôtelleries vides tu trouveras pour te loger ! Mais les arts te réclament les premiers ; c'est là surtout que les têtes font défaut ou battent la campagne. Cours donc au plus pressé, va d'abord chez......

— Mais réveillez-vous, père, me dit tout à coup une petite voix bien fraîche et bien moderne, on vous demande.

— Entrez donc, mon cher, fis-je en me frottant les yeux, je sommeillais en vous attendant. Tenez ! asseyez-vous là et prenez un cigare ; j'ai fait un singulier rêve ; je vais vous le raconter. »

LE COMMERCE DE LA CURIOSITÉ

I.

N a tout dit sur le commerce de la curiosité parisienne au xviiie siècle. Grâce aux investigations récentes[1], nous connaissons le local et le personnel des ventes, les huissiers priseurs et les experts, les marchands à la mode, leur domicile, leur savoir-faire; *la Confession du brocanteur*[2] est même très-instructive sur ce point.

Mais le xviiie siècle n'est qu'un chapitre de la grande histoire. Le commerce de la curiosité n'est pas arrivé du premier coup à son incarnation moderne; il a passé par des étapes. Pour qu'un marchand trouve son compte à ne vendre *que* la curio-

---

[1]. Eug. Piot, *Cabinet de l'amateur*, 1861-62. — Baron Davillier, *le Cabinet du duc d'Aumont*. — L. Courajod, *Lazare Duvaux*.
[2]. *La Confession publique du brocanteur, etc.* Amsterdam, 1776.

sité, pour organiser des ventes *spéciales* d'objets d'art, il faut être assuré d'une clientèle considérable, réunie sur un même point ; or cette clientèle date seulement du dernier siècle, elle n'habite que Paris, Londres, Vienne et certains grands centres. Autrefois ces agglomérations d'amateurs n'existaient pas, le public était plus clair-semé, par suite le commerce de la curiosité n'était pas spécialisé, il n'avait pas de marché exclusif. Quel était donc le mode en usage pour acheter et vendre la curiosité avant le XVIIIe siècle ? Où et comment s'approvisionnait l'amateur ?

Le problème pourrait entraîner loin. Le trafic des objets d'art est aussi vieux que la curiosité même ; le premier collectionneur a engendré un jaloux, c'est le second ; quand ils ont été deux, ils ont pratiqué des échanges ; à trois, ils ont organisé une vente aux enchères. A ce compte, la genèse commerciale de la curiosité se perd dans la nuit des temps. Sans remonter jusque-là, nous pouvons commencer notre histoire avec les Romains ; ce sont nos maîtres et nos initiateurs en curiosité comme en toute chose.

A Rome, la conquête est le principe de toutes les collections. J'ai raconté dans le temps[1] la façon dont les généraux de la République s'y prenaient pour former des collections nationales et privées aux frais de la Sicile, de la Grèce et de l'Asie. A ce

---

1. *Collectionneurs de l'ancienne Rome.* Paris, Aubry, 1867.

moyen économique de monter une galerie, Sylla en ajouta un autre, les proscriptions; « il fut le premier, dit Cicéron[1], qui fit confisquer et vendre publiquement les biens des proscrits ». Le procédé ne tarda pas à se répandre, et Pompée en fit l'expérience à ses dépens[2].

Comme Lucullus, César, Scaurus, Salluste, Pollion et tant d'autres, Pompée est un des grands collectionneurs de l'antiquité. Il recherchait les tableaux, les statues et, de préférence, les singularités des grands maîtres, tout ce qui pouvait faire parler de lui[3]. Son troisième triomphe eut un éclat sans pareil : vêtu de la chlamyde d'Alexandre le Grand, debout sur un char traîné par quatre éléphants, le vaniteux triomphateur fit son entrée à Rome, escorté d'un nombre immense de chariots portant des monceaux d'or, d'argent, de perles et de pierreries, des tapisseries de soie et d'or, des statues en or et en argent massifs, deux mille vases en pierres précieuses de la collection de Mithridate, tout le trésor de ce prince et celui de Pharnace. L'inventaire seul de la vaisselle de Mithridate avait duré trente jours[4]. La meilleure partie de ce merveilleux butin revenait à l'État; Pompée garda le reste pour sa maison, ses jardins et son

1. *De Off.*, II, 8.
2. Suétone, parlant d'Auguste, dit : *Existimabatur quosdam, propter vasa Corinthia, inter proscriptos curasse referendos.*
3. Ampère, *Hist. rom.*, III, 611.
4. App., *Bell. Mith.*, 116.

portique aux trois cents colonnes de granit rose. Quatorze ans plus tard, le vaincu de Pharsale était proscrit et ses biens, « les biens du grand Pompée, dit Cicéron[1], étaient mis à l'encan par la voix déchirante du crieur ! » Je ne sais s'il faut prendre à la lettre ces attendrissements oratoires et si, « pour cette fois, Rome tout entière, malgré son esclavage, se permit de gémir[2] ». A coup sûr, Antoine fit exception ; profitant de l'absence des enchérisseurs, il se fit adjuger à vil prix tous les biens de Pompée. On dit même qu'il trouva moyen de ne rien payer[3].

Tous les amateurs n'avaient pas la ressource de collectionner à si bon compte. Les ventes romaines sont déjà très-suivies et les enchères vivement disputées : Chrysogon, affranchi de Verrès, achète un réchaud d'argent, *authepsa,* « à un prix tel que les passants, entendant la voix du crieur, croyaient qu'il s'agissait d'un fonds de terre[4] »..« Qui de vous, dit encore Cicéron[5], ignore à quel prix s'élèvent les objets de ce genre ? N'avez-vous pas vu, dans une enchère, vendre une statue de bronze assez petite 120,000 sesterces (environ 24,000 francs) ? Si je voulais nommer certaines personnes qui payent ce même prix et plus cher encore, je ne

---

1. *Phil.,* II, 26.
2. *Id., ibid.*
3. Plut., *Ant.*
4. Cic., *Pro Rosc. Amer.,* 46..
5. *In Verr.,* IV.

serais pas embarrassé. Dans ces objets, la valeur se mesure à la passion de les posséder, et il est difficile de fixer une limite au prix quand la passion n'en a pas. »

Verrès, ce terrible collectionneur[1], qui mit la Sicile en coupe réglée, par amour de l'art, Verrès dédaignait les ventes; il avait d'autres moyens à sa disposition. Dès qu'il fut nommé préteur, son premier soin fut de réquisitionner tous les fonctionnaires, la magistrature, l'armée, les prêtres, les citoyens notables, pour organiser administrativement le vol à la curiosité. En outre, deux agents, un modeleur et un peintre, étaient chargés de battre le pays. Cicéron les compare à « deux limiers flairant partout, toujours sur la piste: menaces, promesses, esclaves, enfants, amis, ennemis, tout moyen leur est bon pour arriver à dénicher quelque chose... ils furettent partout; s'ils découvrent quelque pièce de valeur, ils la rapportent pleins de joie. Quand la chasse est moins heureuse, ils ne laissent pas de revenir avec quelque menue pièce de gibier, telle que plats, patères, brûle-parfums, etc.[2] »

Comme on le pense bien, ces honnêtes commis voyageurs ne se piquaient pas d'être plus scrupuleux que leur maître et faisaient à l'occasion leurs

---

1. Voir la description de son cabinet, *Collectionneurs de l'ancienne Rome*, p. 9.
2. Cic., *In Verr.*, IV.

propres affaires, témoin l'aventure de Pamphile de Lilybée : « Verrès lui avait enlevé d'autorité, *per potestatem,* une aiguière en argent de Boéthus, un chef-d'œuvre du maître, et comme j'étais, dit Pamphile, assis chez moi, désolé de la perte d'un objet si précieux qui me venait de famille, tout à coup entre un esclave du préteur, il m'ordonne d'apporter sans délai mes autres vases ciselés. Je fus effrayé; j'en avais une paire; de peur d'un plus grand mal, je les fais prendre aussitôt et porter avec moi chez le préteur. J'arrive, il faisait la sieste, les deux agents se promenaient. Dès qu'ils m'aperçurent : « Et vos vases, Pamphile, ou sont-ils ? » Je les montre tristement; ils les trouvent superbes. Je leur dis en soupirant que, si on me les enlevait, il ne me resterait plus rien. Eux me voyant si ému : « Combien nous donnerez-vous pour qu'on ne les « prenne pas ? » Bref, ils demandent deux cents sesterces, j'en promets cent. Cependant le préteur appelle, il demande les coupes. Alors ces gens lui disent qu'ils avaient cru, sur des ouï-dire, que les coupes avaient quelque valeur, mais que ce sont des misères, indignes de l'argenterie de Verrès. « C'est aussi mon avis », dit le préteur, et Pamphile enchanté remporte son trésor[1]. »

Sous l'Empire, les ventes publiques continuent de plus belle. Une des plus célèbres fut celle de Juba, roi de Numidie, qui mourut du temps de

---

1. Cic., *In Verr.,* IV.

Tibère, après avoir institué le peuple romain son héritier. Sa fortune était immense et ses meubles d'une extrême richesse; il possédait, entre autres, une table de citre (thuya) qui passait pour une merveille. Gallus Asinius la poussa jusqu'à 1,200,000 sesterces (environ 240,000 francs); Cicéron avait bien payé la sienne un million de sesterces. Plus tard, la table de Céthégus, vendue publiquement, monta jusqu'à 1,400,000 sesterces[1]. Ces beaux meubles étaient historiques, on savait leur généalogie et, comme aujourd'hui, on payait cher les titres de noblesse quand l'objet provenait d'une ancienne famille, ou quand il était connu pour avoir passé par une succession d'amateurs à la mode, *per multas elegantium dominorum successiones civitati nota*[2].

Il faut bien le dire, le rôle d'acheteur, et même celui de simple spectateur, ne laissait pas d'être dangereux à l'occasion. Dans une vente ordonnée par Caligula, — il s'agissait de tout le matériel des jeux publics, décors, statues, vases, meubles, tapisseries, — l'empereur assistait en personne, « fixant les prix lui-même, poussant les enchères à ce point que plusieurs citoyens, forcés d'acheter pour des sommes énormes et se voyant ruinés, s'ouvrirent les veines[3] ». Et Suétone ajoute l'historiette suivante qui a son prix : « Un ancien préteur, Aponius

---

1. Tertull., *Du manteau*.
2. Sénèque, *De Tranq*.
3. Suet., *Calig*., XXXIX.

Saturninus, s'était endormi sur un banc pendant la séance. L'empereur avertit le crieur de ne pas perdre de vue ce vieillard qui, par les balancements répétés de sa tête, lui faisait des signes affirmatifs. Quand le bonhomme se réveilla, il se trouva avoir fait, sans le savoir, pour 1,800,000 francs d'acquisitions. » J'ai ouï dire que pareille aventure était arrivée à un habitué de l'hôtel Drouot, à cela près que l'expert, qui n'était pas Caligula, lui épargna un réveil désagréable, laissant le concurrent payer les surenchères d'un rival imaginaire.

Du reste, notre empereur paraît avoir eu la passion des ventes publiques. Une première fois, il avait fait vendre en Gaule les bijoux et les meubles de certains condamnés; le résultat dépassa toutes ses espérances, et lui donna l'idée de recommencer. Il imagina de mettre aux enchères tous les meubles de l'ancienne cour, moyen commode de se procurer de l'argent et de renouveler son ameublement de fond en comble; naturellement, l'opération eut lieu en Gaule [1]. Cette préférence mérite d'être signalée; elle donne la mesure du goût, du luxe et de la réputation de nos ancêtres. On a trouvé des trésors à Bernay et ailleurs, on en trouve encore dans le vieux sol gaulois; parmi ces reliques des collections gallo-romaines, combien ont figuré dans les ventes impériales et proviennent du palais des Césars?

Marc-Aurèle, à son tour, « fit vendre publique-

---

1. Suet., *Calig.*, XXXIX.

ment, sur la place Trajane, les ornements impériaux, les coupes d'or, de cristal, les vases murrhins, les vases royaux, les vêtements de soie brodés d'or et les pierreries, qu'il avait trouvés dans le trésor privé d'Hadrien; des statues et des tableaux des plus célèbres artistes, et une quantité d'effets précieux servant à la décoration du palais[1] ». On sait qu'Hadrien fut un des amateurs les plus prodigieux de l'antiquité, il collectionnait les monuments tout entiers; sa villa favorite, la villa Hadrienne, est le Crystal-Palace du iie siècle. La vente dura deux mois; sans doute, les curieux de Narbonne, de Toulouse, de Lyon, de Besançon et de Bordeaux livrèrent de furieuses batailles à ceux de l'Italie, de l'Afrique et de l'Espagne. Le produit suffit à Marc-Aurèle pour achever, sans impôts extraordinaires, la guerre contre les Quades et les Marcomans; que sont nos escarmouches, je parle des plus retentissantes, à côté de ces mêlées formidables?

Pertinax usa du même procédé pour payer les troupes; il mit aux enchères les biens de Commode. « On vendit ses esclaves, ses bouffons, une quantité prodigieuse de tuniques, casaques, de manteaux de tous les pays, formant la garde-robe de l'ex-empereur; une robe et des armes de gladiateur enrichies de pierreries, des épées de dimensions extraordinaires, des vases d'or fin, d'ivoire, d'argent

---

1. Jul. Capitolin, *Hist. Aug.*

et de citre; des voitures d'une fabrique nouvelle, avec des rouages diversement compliqués et des siéges habilement disposés, tantôt pour se parer du soleil, tantôt pour faciliter la respiration au moyen d'un ventilateur, d'autres mesurant les distances et marquant l'heure [1]. »

La mort de Pertinax fut encore l'occasion d'une vente fameuse, mais je n'en parle ici que pour mémoire. Les prétoriens mirent aux enchères l'empire lui-même, et Didius Julianus, le plus offrant et dernier enchérisseur, fut proclamé adjudicataire.

II.

Je suppose que le lecteur ne serait pas fâché de voir de près une de ces ventes, de pénétrer dans un *atrium auctionarium* du temps de Lucullus, de Salluste, de César, *l'impétueux acheteur,* comme l'appelait Suétone [2], et de suivre les péripéties de la grande bataille entre ces colosses de la curiosité. Voilà les belles aventures que les historiens devraient nous raconter, et je donnerais volontiers cent pages de leur politique et de leurs conquêtes pour le plus

---

1. Jul. Capitolin, *Hist. Aug.*
2. Suet., *Cæs.*, 47.

mince catalogue d'une vente romaine, — avec les prix et noms des acquéreurs. — Mais ces graves personnages ont bien d'autres affaires ; ils s'inquiètent peu de la curiosité et nous laissent à peine glaner au hasard quelques indications perdues.

Quand une vente aux enchères doit avoir lieu, la lance symbolique, *hasta,* — d'où est venu le mot *subhastation,* — est plantée soit au Forum devant le temple de Jupiter Stator, soit devant la maison du vendeur. Le crieur, *præco,* fait l'annonce à son de trompe ; des affiches, *tabulæ auctionariæ,* indiquent la composition et le jour de la criée, si la vente doit avoir lieu à domicile ou dans l'*atrium auctionarium,* vaste local entouré de portiques et spécialement destiné à cet usage [1]. Le crieur fixe les mises à prix, répète les enchères, qui se font à haute voix ou par un simple hochement de tête [2], et prononce l'adjudication définitive. Un commis se tient à ses côtés pour dresser le procès-verbal [3].

Dans un de ses dialogues les plus mordants, Lucien fournit quelques détails sur ces opérations : il imagine que Jupiter met aux enchères toutes les sectes philosophiques [4]. Ce n'est pas de la curiosité, j'en conviens, bien que les articles à vendre puissent à la rigueur passer pour des objets rares ; mais la parodie est piquante et bonne à rappeler,

---

1. Plaute, *Menæch.* — Cic., *Leg. agr.,* I, 3.
2. Voir plus haut l'anecdote d'Aponius Saturninus.
3. Catullus, 106.
4. Lucien, *les Sectes à l'encan.*

faute de mieux, comme échantillon d'une vente au
IIe siècle.

Avant l'ouverture de la séance, Jupiter, le vendeur, fait faire les préparatifs nécessaires :

« Allons, toi, dit-il à ses esclaves, dispose les siéges, prépare la salle pour les arrivants; toi, fais ranger par ordre les différentes sectes, mais aie soin d'abord de les parer, afin qu'elles aient bonne mine et attirent beaucoup d'acheteurs. Toi, Mercure, fais l'office de crieur, appelle les chalands et qu'une bonne chance les fasse arriver au marché! Nous allons vendre à la criée des sectes philosophiques de tout genre et de toute espèce. Ceux qui ne pourront pas payer comptant payeront l'année prochaine, en donnant caution.

« MERCURE (le crieur). — La foule arrive; il ne faut pas tarder, ni les faire attendre davantage.

« JUPITER. — Eh bien, vendons!

« MERCURE. — Qui veux-tu que nous mettions le premier en vente?

« JUPITER. — Cet Ionien aux longs cheveux (Pythagore)... Allons, mets en criée!

« MERCURE. — Je vends la vie parfaite, la vie sainte et vénérable; qui est-ce qui achète? »

Je passe des détails étrangers à notre sujet. A mesure que Mercure appelle un article nouveau et vante les mérites de sa marchandise, un ou plusieurs marchands se présentent et interrogent tantôt le crieur sur la qualité de l'objet, tantôt le personnage lui-même, ce qui donne lieu à des plaisanteries intarissables. Pythagore est vendu 10 mines (environ 960 fr.); Diogène ne dépasse pas 2 oboles (35 cent.). Démocrite, Héraclite et Aristippe, mis sur la table par lots, ne trouvent pas acquéreur. « En voilà qui nous restent en magasin », dit Jupiter, et Mercure passe au tour de Socrate, vendu 2 talents (11,000 fr.); Épicure est adjugé à 3 mines, Chrysippe à 12; Aristote, mis à prix à 5 mines, monte jusqu'à 20; par contre, Pyrrhon ne dépasse pas une mine. A la fin de la séance, Mercure s'adressant au public : « Vous autres, fait-il, nous vous invitons pour demain matin. Nous mettrons en vente les sectes ignorantes, ouvrières et de vil prix. »

Chaque crieur a ses allures personnelles et ses petits secrets pour entraîner la pratique et faire valoir ses articles defraîchis. Un jour Gellianus, ayant à vendre une jeune esclave et voyant que les enchères ne montaient pas à son gré, s'avisa, pour certifier la qualité de la marchandise, d'embrasser trois ou quatre fois la jeune fille. « Qu'arriva-t-il? dit Martial[1], un amateur, qui avait offert 600 sesterces, retira sur-le-champ son enchère. » Une autre fois, Théon, le crieur, *met sur table* un magnifique candélabre et ajoute, comme appoint, un esclave bossu nommé Clésippe, dont il ne savait comment se défaire. « La courtisane Géganie acheta le tout 50,000 sesterces (environ 10,000 fr.). Le soir, à souper, elle fit parade de son acquisition, exposa l'esclave tout nu à la risée des convives;

---

1. VI, 61.

puis, cédant à une passion bizarre, elle fit de Clésippe son amant et bientôt son héritier [1]. »

On ne vend plus d'esclaves à l'hôtel Drouot, et les chercheuses de Clésippes trouvent à se pourvoir ailleurs. Quant au reste, je ne vois pas de différence essentielle entre la vente romaine et la nôtre. Les procédés se ressemblent, le personnel est aussi mélangé qu'aujourd'hui, ce sont les mêmes figures : *Tongilius,* l'important, qui dérange tout le monde, *Euctus,* le chercheur de vieille argenterie, le financier *Licinus, Paullus,* qui collectionne *par genre,* le platonique *Eros, Mamurra,* qui demande toujours *à voir,* et n'achète jamais rien [2].

Les marchands tiennent boutique sous les arcades de la Villa Publica, sur la voie Sacrée, la promenade favorite d'Horace, et sous les quarante-cinq portiques de Rome, portiques d'Apollon, de Pompée, de Livie, d'Auguste, de Néron, d'Agrippa, d'Octavie, etc. Le commerce *spécial* de la curiosité n'existant pas, les objets d'art anciens sont confondus avec les articles analogues de fabrication moderne. Le peintre, le ciseleur, le sculpteur, le joaillier, vendent le *vieux* et le *neuf;* l'orfévre met en montre ses ouvrages à côté des ciselures de Mentor, de Mys et de Pasitèle ; le libraire *tient les livres anciens et modernes,* comme le font ses confrères du xixe siècle. Certains magasins n'ont pas de spécialité détermi-

---

1. Pline, XXXIV, 6.
2. *Collect. de l'anc. Rome,* p. 120.

née; ce sont des bazars, comme celui de Milon, le marchand à la mode, que nous connaissons par les bavardages de Martial : « Étoffes rares, argenterie ciselée, manteaux, pierres fines, tu vends de tout, Milon, et l'acheteur emporte aussitôt son emplette. Ta femme est encore ton meilleur article; toujours vendue, tu la gardes toujours, personne ne l'emporte[1]. »

Avant de quitter ce chapitre, je voudrais dire un mot des prix de la curiosité. Les anciens philosophes se montrent fort indignés de certaines acquisitions et leur grande colère a parfois des accents comiques : « Payer si cher la dépouille d'animaux immondes ! » dit gravement Sénèque, en parlant des meubles en écaille. « Se ruiner pour acheter un instrument dont le nom rappelle une chandelle, *candela!* » dit Pline à son tour, à propos d'un candélabre de bronze. Sans doute, la passion de la curiosité ne garde pas toujours la mesure et l'on n'est pas plus sage à Rome qu'à Paris; qui peut répondre d'un sang-froid inaltérable sous le feu des enchères, surtout quand la vanité se met de la partie? Mais les prix tapageurs sont l'exception, la moyenne générale est plus raisonnable. Ainsi le chef-d'œuvre d'Apelles, la Vénus Anadyomène, est vendue 100 talents, un demi-million, c'est-à-dire meilleur marché que *l'Assomption* de Murillo; César paye 80 talents deux admirables

---

1. Mart., VII, 102.

tableaux de Timomaque, soit 200,000 francs chacun, la belle affaire! L'orfévrerie coûte 5,000 serterces la livre,

<blockquote>Libra quod argenti millia quinque rapit,</blockquote>

quand elle est signée des plus grands noms de l'antiquité grecque; 2,700 francs le kilogramme! le poinçon de Thomas Germain ou d'Auguste nous revient bien plus cher. La table de Cicéron coûte 200,000 francs, et Pline en est désolé; que dirait-il en apprenant qu'un amateur vient de payer 600,000 francs une commode? La valeur de l'argent a singulièrement varié depuis l'antiquité, soit; mais sans examiner si le numéraire n'était pas très-abondant à Rome eu égard au petit nombre des gros consommateurs, voici un argument qui me paraît sans réplique : Pline raconte que, de son temps, on avait vendu des candélabres anciens « au prix des appointements d'un tribun militaire [1] ». J'ignore quels étaient ces appointements, mais avouez que le traitement d'un de nos généraux serait bien loin de suffire à l'achat du moindre guéridon en vieux Sèvres.

---

1. Pline, XXXIV, 8.

III.

On a dit que le moyen âge n'était pas collectionneur ; il serait facile de démontrer précisément le contraire. Dans un temps où le numéraire était rare et les institutions financières presque nulles, chacun convertissait sa richesse mobilière en objets précieux, comme le font encore les Orientaux. L'orfévrerie, les bijoux, les manuscrits, les tapisseries, les armes, les meubles rares devenaient ainsi des valeurs de placement, facilement négociables, et les capitaux, déguisés sous une enveloppe artistique, s'étalaient sur le dressoir et dans la salle, voyageaient dans les coffres ; au besoin on pouvait les aliéner, les mettre en gage, ou les envoyer à l'atelier monétaire. La main-d'œuvre représentait une plus-value que chacun savait apprécier, et souvent cette plus-value était plus apparente que réelle. Pour peu qu'il possédât une certaine fortune, le seigneur avait à ses gages un orfévre, un enlumineur, un imagier faisant partie de la maison et ne travaillant que pour lui ; son soldat en temps de guerre, son ouvrier en temps de paix. La châtelaine et ses femmes se chargeaient de tisser et de broder les étoffes précieuses. Dans ces conditions, le prix de fabrique était réduit à sa plus simple expression, chacun pouvait transformer son avoir à peu de frais, sans s'exposer à une dépréciation trop onéreuse.

Ainsi la curiosité en France n'est pas, comme bien des gens le pensent, une maladie moderne. Au moyen âge, et surtout dans les premiers siècles, les *trésors* des églises, des princes, des seigneurs, des riches bourgeois, sont de véritables collections ; bien mieux, leur curiosité est une opération financière, un placement ; — nous n'avons pas même inventé ce perfectionnement.

Chilpéric aimait la belle orfévrerie et paraît avoir eu quelques prétentions à ce sujet[1] ; il confiait le soin de ses acquisitions à un juif nommé Priscus, *qui ei ad species cœmendas familiaris erat*[2]. Ce n'est pas d'hier que les enfants d'Israël jouent un rôle dans la curiosité. Maîtres à peu près exclusifs du commerce d'argent, habiles à pratiquer l'usure et le prêt sur gage, ils trouvaient l'occasion d'utiliser leur savoir-faire dans ces temps de trouble et d'aventure, où la guerre et le pillage bouleversaient rapidement les fortunes. A force de patience et d'adresse, ils finissaient toujours par accaparer les objets de prix qu'on leur avait engagés, si bien que, la paix une fois rétablie, celui qui voulait acheter quelque pièce exceptionnelle était sûr de trouver son affaire chez le marchand juif.

---

1. Grég. Turon., *Hist. franç.*, V.
2. Grég. Turon., *id.* — Du Cange, au mot *species*.

Comme dans l'opéra de Scribe, les princesses ne craignaient pas de pénétrer au fond du Ghetto pour découvrir et marchander

> Le joyau magnifique
> Que portait autrefois l'empereur Constantin.

Mais on trouvait de belles choses ailleurs que dans les juiveries. Les corporations tenaient boutique ouverte, et leurs étalages étaient bien pourvus. Au IVe siècle, « il y avait près de l'église-cathédrale de Paris une vaste place, voisine du pont qui joignait les deux rives du bras méridional de la Seine. Cette place, destinée au commerce, était bordée de comptoirs et de magasins où s'étalaient des marchandises précieuses, de toute espèce[1] ». Un jour que Leudaste, ex-comte de Tours, voulait offrir à Frédégonde un cadeau royal, « il se mit à parcourir cette place, dit Grégoire de Tours[2], allant d'une boutique à l'autre, *domos negotiantium circumiens*, regardant tout avec curiosité... Puis, comme un acheteur entendu, se recueillant pour délibérer en lui-même et choisir avec discernement, il maniait les étoffes, essayait sur lui les bijoux, soupesait la vaisselle de prix, *species rimatur, argentum pensat;* et, quand son choix était fixé, il reprenait d'un ton haut et avantageux : « Ceci

---

1. Aug. Thierry, *VIe Récit des temps mérovingiens*.
2. *Id., ibid.* — Grég. Turon., *Hist. franç.*, VI.

est bien, mettez ceci à part, je me propose de prendre cela. »

L'industrie de luxe s'était maintenue tant bien que mal sous les premiers Mérovingiens; ruinée par les invasions du VIIIe siècle, rétablie et encouragée par Charlemagne, elle disparut, à la mort de ce prince, dans le grand naufrage qui faillit emporter la civilisation tout entière.

La renaissance commerciale et industrielle date des Croisades. A la vue des merveilles de l'Orient, le rude conquérant de la Palestine s'était façonné. Sa curiosité devenait moins accommodante; il lui fallait désormais des tapis sarrasinois, des étoffes tissées de soie et d'or, des verres et des armes de Damas, de l'orfévrerie et des bijoux à la façon d'outre-mer. La route était ouverte, et les fabriques orientales allaient approvisionner l'Europe pour longtemps. Mais nos corporations n'entendaient pas laisser aux étrangers ce monopole; fraîchement échappées du cloître et jalouses de conquérir une clientèle, elles s'emparent des procédés à la mode et rivalisent avec leurs concurrents. Ainsi l'industrie renaît, le commerce maritime est organisé, et le rétablissement des foires ouvre des débouchés nouveaux, des marchés libres, faciles, définitifs.

Le marchand forain est un des grands pourvoyeurs de la curiosité. Chaque année, la province et l'étranger arrivent en caravane sur le champ de foire, apportant les plus beaux échantillons des manufactures de France, d'Allemagne, d'Italie et du Levant, tout ce qui peut tenter la coquetterie ou la curiosité. On attend ces grands jours pour faire ses emplettes, on s'y prépare à l'avance et chacun accourt au rendez-vous, le Parisien à Saint-Ladre, à Saint-Denis et au Lendit, le Normand à la Guibray, le Champenois à Troyes, le Provençal à Beaucaire.

En dehors des foires, des boutiques et des juiveries, il restait encore une ressource éventuelle : la vente mobilière. Les Romains nous ont légué le procédé des ventes à la criée, à l'*encan*, mot nouveau dont l'étymologie a beaucoup tourmenté les glossateurs; vient-il de l'interrogation *in quantum*, pour combien? ou du mot *cantus*, par analogie avec la voix du crieur « qui s'élève en manière de chant, *in modum cantus* » dit un ancien auteur[1]; je doute que les familiers de l'hôtel Drouot confirment cette interprétation. Quoi qu'il en soit, les termes de *criare* ou *cridare, subhastare, incantum, incantare, incariator* (enchérisseur), se rencontrent fréquemment dans les documents du moyen âge[2]. De même qu'à Rome, la vente est annoncée à son de trompe, *subhastationes mobilium et immobilium quæ clangore buccinæ et alto clamore buccinatoris fieri solent*[3]. Un juré-priseur est chargé de priser et de vendre les meubles; il prête serment « de bien et fidèlement

---

1. Du Cange, au mot *incantum*.
2. Id. « *Pro eadem bona cridando et subhastando, ac plus offerenti et ultimo incariatori vendendo.* » *Reg. Parl.*, ann. 1491.
3. Charte de 961, ap. *Cang.*, *Subhastare*.

vendre et inquanter tout ce qui lui sera baillé à cet effet[1] ». A Paris, dans les ventes judiciaires, le juré-priseur est remplacé par un sergent à verge du Châtelet. L'huissier-priseur ne paraît qu'au XVIᵉ siècle.

Il ne faut pas confondre les *jurés-priseurs* avec les *jurés-crieurs*. Ceux-ci faisaient partie de la confrérie des crieurs chargés d'annoncer à son de trompe tout ce qu'on voulait porter à la connaissance du public, les ventes publiques, les ordonnances de police, les ouvertures de foires et de marchés, les denrées et le vin à vendre, les décès, les enfants et les objets perdus, etc.; ils avaient, en outre, l'entreprise des pompes funèbres[2]. Leur patron était saint Martin le Bouillant, pour lequel ils professaient une grande vénération. A part ce patronage qui pourrait convenir à MM. les commissaires-priseurs, leurs attributions n'ont rien de commun avec celles des anciens jurés-crieurs.

Les ventes mobilières après décès ont lieu soit au domicile du défunt, soit sur la place publique : *à l'hostel priser et au marché vendre,* dit un ancien proverbe cité par Cotgrave. Toutefois la corporation des orfévres, fort jalouse de ses priviléges, ne permettait pas que les objets d'or ou d'argent fussent vendus autrement que chez elle et par ses mains. L'argenterie et les bijoux étaient exposés et

---

1. Charte de 961, ap. *Cang.*, *Pelharius*. — De Laborde, *Gloss.,* au mot *expert*.
2. *Livre des métiers,* d'Étienne Boileau, *Introd.,* p. X L.

adjugés chez un membre de la communauté spécialement chargé de ces opérations, à moins qu'il ne s'agît d'objets de fabrication étrangère ou provenant de confiscations, et dès lors appartenant au roi; dans ce cas, on choisissait les endroits les plus fréquentés, les ponts, les quais, les halles. En 1427, « Jehannette, vefve de feu Pierre Michel, femme amoureuse », ayant été trouvée vêtue, contrairement à l'ordonnance, d'une « houpelande de drap pers, fourrée par le collet de penne de gris, et ceinte d'une ceinture, boucle, mordant et huit clous d'argent, pesant en tout deux onces et demi, pour ce fut emprisonnée, et ladite robe et ceinture déclarée appartenir au roi par confiscation, et délivrée en plein marché le dixième jour de juillet; c'est à sçavoir ladite robe le prix de sept livres douze sols parisis, et ladite ceinture de quarante sols parisis[1] ».

A partir du XVIe siècle, on commence à vendre sur le quai de la Mégisserie, construit par François Ier, et devenu par la suite un des centres principaux de la curiosité parisienne : « L'an mil cinq cens cinquante, au mois d'aoust, dit Gilles Corrozet[2], furent vendues publiquement en la Mégisserie plusieurs images, tables d'autelz, peintures et autres ornemens d'église, qu'on avoit apportez et

---

1. Sauval, III, 270 et *passim*.
2. *Les Antiquitez, histoires et singularitez de Paris, ville capitale du royaume de France*, etc., 1550, à Paris.

sauvez des églises d'Angleterre. » Voilà, si je ne me trompe, la première mention d'une vente *spéciale* de curiosités en France, vente nombreuse à n'en pas douter, pour que Corrozet prenne la peine de la consigner parmi les événements mémorables. L'Angleterre payait cher son apprentissage de la réforme; la paix venait d'être signée entre Édouard VI et Henri II, la Manche était libre et le catholicisme anglais profitait des premiers navires pour émigrer avec son art, ses souvenirs et son passé; ce jour-là, contre sa coutume, l'Angleterre nous a laissé ses plus belles dépouilles. Singulier spectacle, pour le dire en passant, que ce va-et-vient perpétuel de la curiosité entre les deux pays! « Après la bataille de Crécy (1346), dit un écrivain anglais [1], les vainqueurs rapportèrent dans leur patrie tant de trésors qu'on ne trouvait pas de famille, si modeste qu'elle fût, qui ne possédât des meubles et des effets précieux, tels que soieries, fourrures, tapisseries, lits brodés, orfévrerie d'or et d'argent, agate et cristaux de roche, bracelets, chaînes et colliers venus de Caen, de Limoges et d'autres villes étrangères. » Deux siècles plus tard, les plus belles productions du moyen âge anglais passent la Manche pour être vendues à Paris, en place publique, au profit des collections françaises; c'était notre revanche.

---

1. Warton, *Hist. of Poetry*, II, 254. — Laborde, *Gloss.*, au mot *esmail d'Angleterre*.

En 93, nouveau déplacement; cette fois c'est l'art français qui fait le voyage, et les splendeurs du Palais-Royal, de Versailles, de Trianon, de nos vieux hôtels, traversent la mer pour aller peupler les châteaux de l'Angleterre. La prochaine fois, ce sera notre tour; mais nous avons le temps d'attendre, nos voisins ne semblent pas près de nous céder la place. Le premier coup de filet ne leur a pas suffi; depuis la Révolution, il dure toujours.

IV.

Un document récemment découvert et immédiatement enterré dans la *Revue des Sociétés savantes des départements*[1], le procès-verbal de la vente de Claude Gouffier, va nous apprendre par le menu comment se passait une vente au xvi° siècle[2].

Du personnage, je ne dirai qu'un mot : Claude Gouffier, seigneur de Boisy, duc de Roannès et grand-écuyer de France, était un gentilhomme

---

1. Ce procès-verbal avait déjà été signalé par M. Benj. Fillon. Il a été inséré dans la *Revue des Sociétés savantes des départements*, tome VII, avec une notice de M. Alfred Darcel.
2. Du temps de Brantôme, ces ventes étaient une mode parisienne : « Ce bon gentilhomme vint quelque temps après à mourir, et toutes ses hardes (effets et meubles), à la mode de Paris, vindrent à estre criées et vendues à l'encan. » *Dames Gal.*, Disc. 1ᵉʳ.

élégant et amateur par excellence; il fut, avec sa mère Hélène de Hangest-Genlis, le créateur des délicates faïences d'Oiron. Amoureux passionné de l'art et des artistes, il les protégea si bien, qu'à sa mort on fut obligé de vendre tous ses meubles pour payer ses dettes. C'est pourquoi, l'an 1572, le jeudi 18 septembre, vingt-cinq jours seulement après la Saint-Barthélemy, maître Claude Lamonyeulx, « premier huissier du roi en la cour du Parlement », se transportait à l'hôtel de Boisy, rue Saint-Antoine, pour procéder à l'adjudication des meubles de l'hôtel et dresser le procès-verbal.

La première vente comprend les meubles et les effets, elle dure quatorze jours et se tient dans la cour de l'hôtel. Chaque jour, trois hommes de peine descendent les meubles « des chambres haultes et les coffres de bahuts plaincts de leinges [1] ». La seconde vente, celle de « la vaisselle d'argent et des bagues d'or et sans pierrerye », ne dure que trois jours; elle est faite « en l'hostel de Jehan Langlois, marchand joaillier, priseur et vendeur de biens, sciz sur le pont aux Changes, lieu accoustumé pour vendre bagues et joyaulx ».

Chaque vacation est très-courte et ne dépasse pas une moyenne de vingt articles, adjugés au fur et à mesure qu'ils se présentent, sans que M⁰ Lamonyeulx paraisse faire un choix et adopter un

---

... 1. A la fin de la vente, ces trois hommes reçoivent chacun 10 livres tournois « pour leur salaire et vaccations ».

oidre de préséance. Presque toutes les adjudications dépassent la prisée; souvent elles atteignent le double et le triple. Deux articles seulement sont adjugés au rabais faute d'enchères, une robe de velours noir et « une paire d'heures en parchemin, prisée 175 livres, délivrée néantmoings pour la somme de 155 livres, après avoir icelle exposée en vente par chacun jour et mainte fois criée ».

A voir le personnel des acheteurs et comme les enchères sont rondement menées, on ne se douterait guère qu'on est au lendemain de l'épouvantable massacre du 24 août; mais il s'agit d'une de ces ventes qui font courir le *tout Paris* de 1572. C'est le rendez-vous obligé du beau monde, chacun veut y faire figure coûte que coûte, et prendre une part de ces dépouilles opimes.

Jusque-là le spectacle n'a rien de bien nouveau, nous connaissons par cœur ces grandes assises de la mode et de la curiosité. Ce qui surprend davantage, c'est le duc d'Aumale[1] achetant d'occasion un manteau de cérémonie, Mme de Chavigny une robe de velours, le président d'Orsay des chausses et des pantoufles. Catherine de Médicis elle-même avec ses filles d'honneur, Mlles de Bourdeille et de la Chasteigneraye, Monsieur[2], frère du roi, le cardinal de Bourbon, assistent à la vente, et il fait beau

---

1. Claude de Lorraine, troisième fils de Claude, premier duc de Guise.
2. Depuis Henri III.

voir ces grands personnages disputant les douzaines de serviettes, les draps de Hollande, les tabliers de toile ouvrée[1] à « la femme de Savart, rôtisseur, rue aux Ours ». Tout cela paraît singulier, j'en conviens ; la pauvreté des toilettes actuelles ne mérite pas tant d'honneur. Mais jadis l'habit d'apparat, la lingerie de luxe étaient supérieurement travaillés, d'une extrême solidité et coûtaient fort cher : à la vente Gouffier, une robe de satin « fourrée de martres », prisée 100 livres, s'élève à 425 ; les tabliers de guipure sont vendus 8 et 12 livres la pièce, deux nappes brodées 106 livres. Ces parures exceptionnelles sont des œuvres d'art, des valeurs qui se donnent en cadeau et passent de main en main, d'une génération à l'autre, comme aujourd'hui les cachemires, les dentelles et les fourrures[2]. On s'en sert rarement, on les use peu ; dès lors on peut sans scrupule les acheter en vente publique.

Le mobilier de l'hôtel n'est pas moins magnifique, et la cour, la robe, les élégantes sont à leur poste, poussant les enchères à qui mieux mieux

---

1. Il s'agit des « tavaiolles de toile de linomple (linon) » mentionnés à l'art. 432 de l'*Inventaire de Catherine de Médicis*.

2. « J'avais un autre habit de moire grise ; je l'avais acheté 2,000 francs du marquis de Vaubrun... Mes habits me demeurèrent et je m'en servis trois ou quatre fois seulement. Ils me firent beaucoup d'honneur ; celui que j'avais eu de Vaubrun fut généralement admiré et m'allait fort bien... Si le marquis de Louvois m'avoit voulu croire, il aurait pris un de ceux-là qui lui auroit coûté très-peu à raccommoder. » *Mém. de Brienne*, ch. XXVI.

sur les lits, les siéges, les tapis et les étoffes, les garnitures et les tentures. M. de Villeroy, secrétaire des finances, achète en bloc, pour 1,800 livres, la chambre à coucher de velours cramoisi à crépines d'or, avec ses meubles en noyer *à marqueterie*[1]. Monsieur, frère du roi, fait monter jusqu'à 700 livres un dais « avec sa queue de toille d'argent frizé d'or et d'argent, et de toille d'or cramoisy frizé d'or »; la duchesse de Lorraine paye 436 livres une « tapisserye de cuyr doré faict à moresque ». Citons encore dans la foule les présidents de Nully et Berjot, le Procureur Général, Mme Brulart, femme de Nicolas Brulart qui fut M. de Sillery, Mlle Milon, fille du premier intendant des finances, Mme Pinart, femme du maître des requêtes, « l'apothiquaire » Favreau, le médecin Miron, et un personnage d'importance, Jehan, « tailleur du Roy », qui achète peut-être pour le compte de son maître.

Le seigneur d'Adjacet s'intéresse surtout à la curiosité et choisit « ung harnois d'homme d'armes complect, gravé et doré à moresque », le portrait du roi Henri II et « soixante tableaux painctz en huille, garnis de leurs moulures dorée, l'ung ung cartel de la figure du feu duc de Guise et les aultres sur boys ausquelz sont despainct plusieurs anciens empereurs, roys de France et autres seigneurs ». Louis di Ghiaceti[2], — on l'appelait d'Adjacet ou

---

1. Je recommande aux curieux le détail de la chambre à coucher de Gouffier, minutieusement décrite dans le procès-verbal.
2. Voir à son sujet le *Journal de Henri III*. Cologne, 1720, II, 394

d'Adjouto, — était un Florentin installé à Paris depuis quelques années. Il s'occupait alors d'achever son hôtel[1], une des merveilles de la capitale; « toute la cour, dit Sauval, ne pouvoit assez contempler ses meubles somptueux, les figures antiques, les tableaux de Raphaël, de Michel-Ange, de Jules Romain, et de tous les meilleurs peintres d'Italie. En un mot, cette maison étoit la seule, la plus belle et la plus superbe du siècle passé. Chacun alors l'alloit voir pour un sou[2] ». J'ignore si l'amateur italien laissait visiter pour le même prix sa collection secrète, Sauval n'en parle pas; Brantôme est moins discret et assure que les dames étaient admises[3].

L'hôtel de Boisy n'avait rien de pareil à montrer aux visiteurs ; ce n'était pas un musée, mais un élégant pied-à-terre. Pour admirer la collection des Gouffier, il fallait faire le voyage d'Oiron[4]. A Paris, dans la rue Saint-Antoine, la curiosité n'est admise que juste à point pour accompagner les meubles et rappeler les prédilections du maître de la maison. D'Adjacet met la main sur la meilleure part; après lui le président d'Orsay achète quelques portraits et une épée « garnye de sa dague », qui pourrait bien être celle que possède aujourd'hui M. le baron

---

1. Vieille rue du Temple, vis-à-vis celle des Blancs-Manteaux.
2. Sauval, II, 241.
3. *Dames Gal.*, Disc. Ier.
4. Avant le pillage par les protestants en 1568.

Pichon [1] ; le chevalier du Guet choisit un magnifique caparaçon de cheval, le maréchal des logis de la reine mère, « un corps de cuirasse sans brassars », et de Pereuse, prévôt des marchands, deux bassins, « façon de Turquie à marqueterie de nacre de perles ».

N'oublions pas l'honorable corporation des fripiers, elle est au grand complet. Les maîtres du métier, Jehan Mauge, Jehan Tulleau, Pierre Folleville, Jehan et Pierre Noury, Jehan Cochery et Pierre Remillet, les frères Lambert et les trois Lesecq se font remarquer par le chiffre et le choix de leurs acquisitions; on peut assurer qu'ils ont une brillante clientèle et font d'excellentes affaires. Leurs descendants du XIXe siècle, les marchands de curiosité parisiens, ont soigneusement conservé ces sages traditions.

La deuxième vente, celle des bijoux et de la vaisselle, a une physionomie tout autre que la première. En général, le grand monde s'abstient ou du moins ne figure pas en personne; car il est difficile de croire que Jehan Pajot, *couvreur de maisons*, et la veuve de Laurent, *plombier*, achètent pour leur compte « une chesne d'or, une nef vermeillée dorée », des plats, des écuelles et des « esgouttoirs » d'argent; ce sont probablement des prête-noms. La bataille s'engage entre les orfévres parisiens, Pasquier de la Noue, qui travaillait pour

---

1. Cette dague porte les mots *de Boisy Ie Suis* et la date 1569.

le duc de Lorraine, Claude Doublet, de la famille de Jehan Doublet orfévre de Henri II, Claude de La Haye orfévre de Charles IX, Michel Autran, Pierre Le Maistre ou Lamaistre, Antoine Audry, Pierre Hurye, Jehan de Rosnay, René de Grammont, Claude Lecourt, Guillaume Mestayer, Guillaume de Cuize, Colas Godinière, etc.

Jehan Langlois, le « jouallier priseur et vendeur de biens », est un homme d'ordre; il procède avec méthode, contrairement à son confrère Mᵉ Lamonyeulx. On vend d'abord l'orfévrerie, les drageoirs, nefs, aiguières, coupes, bassins, assiettes et salières, même « ung crachoir d'argent garny de son couvercle à treillis ». Cela fait, Mᵉ Langlois passe aux bijoux, chaînes, ceinturons, carquans, bordures (coiffures de femme), enseignes, garnitures de boutons, etc.; en tout soixante-dix articles vendus en trois vacations.

Tout cela paraît fort bien choisi; la plupart des bijoux sont en or émaillé, ils sont vendus de 18 à 22 livres l'once. L'argenterie est au poinçon de Paris; les prisées varient de 15 à 17 livres tournois le marc, et les enchères montent jusqu'à 25 et 33 livres. Le marc de Paris pesait 260 grammes; en calculant, suivant les tables de Bailly[1], la livre tournois du temps de Charles IX à 4 fr. 50 de notre monnaie, le minimum des prisées serait d'environ 250 francs le kilogramme d'argent et le prix maxi-

---

1. *Hist. financière*, II, 298 et suiv.

mum des adjudications de 571 francs. Si les évaluations de Bailly sont exactes, ce que je ne me charge pas de garantir, ces prix ne diffèrent pas sensiblement des nôtres.

V.

Au XVIe siècle, le commerce des objets d'art commence à prendre tournure. L'Italie, devenue le grenier de la curiosité européenne, organise son exportation sur une grande échelle. En 1527, un navire arrivant d'Italie à Valence, la municipalité espagnole lui refusa l'entrée du port, « parce qu'il était chargé de dépouilles provenant du sac de Rome [1] ». J'aime à croire que le capitaine changea sa direction et trouva sur les côtes de France des municipalités plus hospitalières.

Mais les arrivages du commerce ne suffisaient pas à l'impatience de nos grands amateurs. Ils entretenaient sur place des agents chargés de leurs acquisitions, quand ils ne les faisaient pas eux-mêmes. Le voyage d'Italie était une mode, le complément obligé d'une bonne éducation, et personne ne manquait une si belle occasion de voir et d'acheter

---

1. Baron Davillier, *Hist. des faïences hisp. mor.*, p. 33, note.

des merveilles. En même temps, l'Italie entrait chez nous par toutes les portes. Le gentilhomme, l'artiste et le marchand d'outre-monts, s'expatriant pour chercher fortune, trafiquaient plus ou moins de la curiosité. La clientèle française passait pour un peu novice et chacun l'exploitait de son mieux : « Aujourd'huy le monde est plein d'acheteurs d'antiquailles, aux dépens desquels maints trompeurs font grande chère. Car tant s'en faut qu'ils sachent discerner l'antique du moderne, qu'à grand'peine entendent-ils le mot qui leur fait si souvent mettre la main à la bourse, lequel, tel qu'il est, nous a esté apporté il n'y a pas longtemps par quelque misser Fricasse (c'est ainsi qu'Estienne désigne les Italiens.) Et me semble que le Savoyard n'eut pas mauvaise grâce, lequel voulant donner la trousse à un sot et sottement curieux de telles choses, après s'estre bien faict faire la cour, en la fin, pour une belle antiquaille, lui monstra sa femme aagée de quatre-vingts ans [1] ».

Comme au moyen âge, les foires sont le principal marché de la curiosité. Pendant quelques jours, les marchands, courtiers, revendeurs, porteballes et colporteurs du monde entier pourront dresser leur étalage et vendre ce qu'il leur plaît, sans craindre les tracasseries des communautés officielles, très-chatouilleuses en temps ordinaire quand on empiète sur leurs prérogatives. Celles-ci,

---

1. H. Estienne, *Apolog. p. Hérod.*, ch. III.

de leur côté, choisissent ce moment pour mettre en montre ce qu'elles ont de plus rare et de plus précieux, laissant en magasin la marchandise courante. Ainsi la curiosité fait sa place de jour en jour et tend à se constituer ; on peut déjà pressentir le moment où elle deviendra une *spécialité*.

L'éloge de la foire de Francfort, par H. Estienne[1], donne une assez juste idée de ces solennités industrielles où l'élément artistique occupe une place importante :

« Ce qui rend cette foire particulièrement célèbre, ce sont les objets fabriqués en or, en argent, en bronze, en fer et autres métaux; ce sont les vases d'or et d'argent si artistement ciselés que l'art surpasse la matière, mieux encore, que l'artiste a triomphé de l'art... La foire de Francfort offre des merveilles plus grandes que celles de l'antiquité. Le bronze, le fer surtout, reçoivent ici les honneurs de l'art; les ouvrages de fer sont illustrés de sculptures dont, partout ailleurs, l'or même serait glorieux.... S'il faut en venir aux plus subtiles délicatesses de l'art, n'en verra-t-on pas qui éclipsent ces merveilles si prônées des vieux écrivains, ce petit quadrige en ivoire que couvraient les ailes d'une mouche, ce navire minuscule que celles d'une abeille suffisaient à cacher ? Bien mieux, cette émulation qui autrefois existait en Grèce entre l'art du sculpteur et la peinture, ne les retrouvons-nous pas ici même? En effet, on peut voir nombre de tableaux venant soit de la basse Allemagne, soit d'ailleurs, dont plusieurs sont tellement remarquables que si on les rapproche des morceaux de sculpture exposés à côté d'eux, on croira volontiers à un concours entre les Apelles, les Protogène, les Zeuxis d'une part, et de l'autre les Phidias, les

---

1. *La Foire de Francfort.* Paris, Liseux, 1875

Praxitèle, les Scopas. Enfin, pour qu'il ne soit pas dit que cette foire laisse rien à désirer en matière d'œuvre d'art, la peinture encaustique y expose aussi ses plus beaux produits. L'art du potier y envoie des vases merveilleux... Sans parler des vases de terre qui sont ornés de peinture, il y en a dont la matière se dissimule sous des couleurs si variées, si éclatantes, qu'ils paraissent lutter de beauté avec les vases d'argent. »

Notre voyageur fait l'éloge de la courtoisie et de la bonne foi des marchands; « tous observent une règle qui n'est guère suivie dans notre France ni ailleurs, à savoir, afficher leur marchandise à un prix fort peu supérieur à celui qu'ils désirent la vendre, en se ménageant un léger bénéfice ». Il termine son panégyrique en parlant de la quantité de beaux livres que l'on trouve à bon compte chez les libraires.

Nos foires parisiennes et provinciales, Saint-Germain, Le Lendit, La Guibray, Lyon, Beaucaire, ne sont pas moins brillantes. La belle disposition des étalages, les théâtres en plein vent, les académies de jeux, le spectacle toujours nouveau des modes françaises leur donnent une physionomie particulière; quelques-unes durent toute la nuit, on y fait grande dépense et parfois grand tapage. Ce sont des expositions universelles au petit pied, avec l'animation d'une ville d'eau et le mouvement commercial d'un bazar.

Dans ces marchés cosmopolites l'Italien apporte les antiques, les faïences, les médailles, les livres, les étoffes ; — le Flamand, les tapisseries historiées ; — l'Allemand, la ferronnerie et les estampes ; — le Milanais, les armes ; — le Vénitien, les produits si personnels de ses fabriques semi-orientales. Chez le Levantin on trouve les tapis précieux, les « poteries en terre sigelée de Turquie », et les porcelaines de la Chine, dont les premiers échantillons figurent au « Cabinet des Curiositez » de François I[er][1]. L'Espagnol met en montre les derniers arrivages de l'Amérique, les « noix des Indes », montées en argent, les coquilles singulières, les armes et les costumes de sauvages, si recherchés par les collectionneurs d'autrefois. Mais voulez-vous la curiosité à bon marché ? Il y en a pour toutes les bourses. Voici les reproductions des grands maîtres, les « histoires de Notre-Dame », imprimées en fac-similé, d'après les originaux d'Albert Dürer[2], les surmoulages en terre cuite, « lesquels on porte à vendre par les foyres et marchés, pour deux liards chascun », dit Palissy, qui déplore ce « mespris en la sculpture à cause de la moulerie ». Voici les boutiques des Limousins et le grand déballage des émaux, « esguières, salières, et toutes autres espèces de vaisseaux et autres histoires... boutons d'esmail (qui est une invention tant gentille), à un sol la douzaine... enseignes que l'on porte aux bonnets, à trois sols la douzaine, lesquelles sont si

---

1. *Collectionneurs de l'ancienne France*, p. 23 et 60.
2. Palissy, *Art de terre*, éd. Cap., p. 308.

bien labourées et leurs esmaux si bien parfondus sur le cuivre, qu'il n'y a nulle peinture si plaisante[1]. »

Les peintres exposent leur assortiment de tableaux, les orfévres leur vaisselle étincelante, les merciers leurs affiquets précieux, joyaux, pendants, chaînes, patenôtres et coffrets, ceintures et miroirs, éventails et broderies, toutes les fantaisies de la curiosité féminine; c'est le quartier favori du beau monde. Si vous avez envie de connaître un de ces magasins à la mode, je vous recommande un petit livre, les *Dialogues fort plaisants* de César Oudin[2]; l'auteur met en scène un gentilhomme, le seigneur Thomas, et sa femme Marguerite, entrant dans la boutique d'un orfévre :

Thomas. — Dieu vous gard, monsieur.

L'orfévre. — Et qu'il soit en vostre compagnie.

Thomas. — Faites-nous voir quelques belles pièces.

L'orfévre. — Quelle sorte vous plaist-il ? Des tasses, des coupes ou des pots, des bassins, assiettes ou escuelles, c'est le plus nécessaire.

Thomas. — Et aussi des coupes couuertes, des salières et des vinaigriers.

L'orfévre. — Holà, garçon, apporte icy toute ceste vaisselle du coffre.

---

1. Palissy, *Art de terre*, édit. Cap., p. 308.
2. Ces dialogues sont traduits de l'espagnol et arrangés à la française par César Oudin, secrétaire-interprète du roi Henri IV. La première édition est de 1591. Celle que j'ai sous les yeux est de Bruxelles, 1611.

Marguerite. — Voyons ces chandeliers et ces mouchettes.

Thomas. — Si ces réchauds estoyent grauez, ils seroyent meilleurs...

Marguerite. — Ie ne voy point icy d'aiguiere.

L'orfévre. — En voicy une dorée et grauée auec son bassin ouuragé de mesme...

Thomas (*à sa femme*). — Et bien, choisissez les pièces qui vous seront plus agréables.

Marguerite. — Ce poiurier et ceste coupe auec son couuercle, ce pot, ce petit chauderon et cette tasse large, ce seront les premières.

Thomas. — Que baillerons-nous du marc pour ces pièces-cy?

L'orfévre. — Pour le marc des pleines (unies), vous m'en baillerez cent reales ; pour les grauées, quinze escus.; et pour les dorées, trente[1].

Thomas. — Si le demander estoit donner, vous n'auriez pas mal fait vos affaires aujourd'huy...

L'orfévre. — Au moins, je ne la bailleray pas pour ce que vous en auez offert jusqu'à cette heure.

Thomas. — Vous estes si cher que je ne scay que vous offrir.

Sur quoi un débat s'engage ; l'orfévre consent un rabais de deux écus sur chaque sorte, le gentilhomme demande davantage, et la dame met les parties d'accord en tranchant le différend par la moitié.

Thomas. — Et bien, pesez cela et que maudit soit le diable.

L'orfévre. — Portez-le au logis (chez vous), et nous le peserons là.

1. Le réal de vellon valait environ 24 centimes et l'écu 10 réaux soit 2 fr. 40.

THOMAS. — Garson, charge tout cela et le porte à la maison.

L'ORFÉVRE. — Reuiendrez-vous incontinent?

THOMAS. — Non, jusques d'icy à deux heures, parceque nous allons acheter d'autres choses.

L'ORFÉVRE. — S'il vous plaist que ie vous face compagnie, ie le feray.

MARGUERITE. — Grand mercy, monsieur, nous n'auons pas besoin de compagnie d'auantage... (*A son mari, en s'en allant.*) Ce qui s'employe en vaisselle d'argent n'est pas despendre (*dépenser*), mais bien changer des petites pièces à des grandes... Si on se veut seruir de verre, de vaisselle de la Chine esmaillée ou de terre, ce que l'on en casse auaux l'année couste plus que la façon de la vaisselle d'argent... Allons à ceste heure à la place où l'on vend les affiquets et bagues.

VI.

L'évolution que j'ai signalée s'accomplit au XVIIᵉ siècle. Le commerce de la curiosité achève sa dernière transformation ; c'est un corps bien vivant, qui prend figure et ne demande qu'à grandir. Déjà l'Europe ne suffit plus à son appétit. Des expéditions scientifiques s'organisent pour aller en Orient chercher les manuscrits, les statues, les médailles, les inscriptions, toutes les reliques savantes de l'antiquité. Peiresc envoie ses émissaires au mont Athos, en Syrie, en Afrique ; Tavernier, Thévenot, Lucas, Chardin, Gallant courent bravement le monde pour leur compte et pour le compte du roi ;

poursuivi par les pirates, avale résolûment ses plus belles médailles; on dit même que, débarqué à Marseille, il fut réduit à prendre un remède pour en opérer la livraison[1].

Cependant les fouilles continuent dans le vieux sol italien, carrière inépuisable de la curiosité, et l'exportation prend des proportions si menaçantes que le gouvernement pontifical est obligé d'imposer des licences pour la sortie des objets d'art[2]. J'imagine que ces restrictions n'embarrassaient guère les habiles comme Mazarin; le cardinal employait à ses recherches nos agents diplomatiques et ses confrères du Sacré-Collége, excellent moyen d'être bien servi et d'éviter des formalités gênantes. Malheureusement tous ses pourvoyeurs n'étaient pas aussi bien choisis; Brienne raconte que Jabach et Mignard, chargés par Mazarin de contrôler les ballots qui lui venaient d'Italie, arrêtaient souvent au passage des contrefaçons très-réussies[3].

Ainsi la curiosité commerciale fait son éducation *per fas et nefas* et s'organise de jour en jour. Pour se faire connaître sur le marché, elle avait besoin d'un instrument de publicité; le XVIIe siècle invente le *catalogue imprimé*. Aujourd'hui le catalogue est la liste des articles dont l'adjudication se fera tel jour, à telle heure; il dit franchement les

---

1. *Collectionneurs de l'ancienne France*, p. 64.
2. *Importations d'œuvres d'art en France au XVIIe siècle*, par Eug. Müntz; *Chronique des arts*, du 25 septembre 1875.
3. *Mémoires de Brienne*, chap. IX.

choses. Nos aïeux procédaient plus discrètement ; à quoi bon parler de vente tout d'abord ? Il suffit de présenter au public l'énumération flatteuse des objets d'une collection, l'acheteur comprend à demi-mot ; il sait que la curiosité n'aime pas tant à faire parler d'elle, qu'elle se réserve pour les intimes, va parfois dans le monde, mais ne s'affiche que du jour où elle est à vendre.

Voici, par exemple, le *Roole des médailles et autres antiquitez du cabinet de monsieur Dupérier, gentilhomme d'Aix*[1] ; c'est le premier catalogue connu, et rien ni dans le titre ni dans le texte ne fait pressentir une vente prochaine. Ce petit livre date du commencement du siècle et, en 1608, Dupérier vend sa collection aux États de Provence pour en faire hommage au roi. Trois ans plus tard, paraît le *Discours et Roole des médailles, etc., à présent rangées dans le cabinet du sieur Antoine Agard, maistre orfeuvre et antiquaire de la ville d'Arles, en Provence*[2]. J'ignore si ce cabinet eut le même sort que celui de Dupérier ; une partie, du moins, fut achetée par la ville d'Arles[3] ; quant au reste, je m'en rapporte à l'opinion de Mariette : « Ceux qui

---

1. François Dupérier, le même que Malherbe a immortalisé. Son catalogue a échappé aux savantes recherches de M. G. Duplessis, *Vente de Tableaux*, etc. Paris, 1874. Je l'ai signalé dans les *Collectionneurs de l'ancienne France*, p. 38, note 1. Depuis, M. le baron Pichon a acquis un précieux exemplaire, annoté de la main de Dupérier lui-même.

2. *Collectionneurs de l'ancienne France*, p. 39.

3. *Archives de la ville d'Arles*. Délib. du Conseil, 1er mai 1640.

dressent ces notices, dit-il à propos du catalogue Agard, n'ont d'autres vues en les composant que d'annoncer des curiosités qui doivent être bientôt exposées en vente[1]. » En 1666, l'abbé de Marolles fait imprimer son *Catalogue de livres d'estampes et de figures de taille-douce.* Mais l'excellent homme ne savait pas feindre; il a bien soin de remarquer combien un pareil trésor serait « utile pour l'éducation d'un jeune prince et digne d'une bibliothèque royale ». Admirez les bienfaits de la publicité! un an après, le trésor était acheté par Colbert pour le compte du roi.

L'amateur marchand est un autre perfectionnement du siècle. La liste des *Curieux de diverses villes,* pour 1648[2], cite parmi les Parisiens : « La Court, qui revend des curiosités, et Cherchomon, curieux de médailles antiques, marchand »; le *Livre commode des Adresses de Paris,* en 1691, cite également : « M. l'abbé du Plessis, près le Puits-d'Amour; le sieur d'Alençon, rue du Chapon, et le sieur Paris, près de la Jussienne, qui se plaisent à troquer des tableaux ».

Mazarin pratiquait aussi le commerce, mais sous un autre nom que le sien. Il avait loué l'hôtel d'Estrées, rue des Bons-Enfants, et « faisoit vendre publiquement dans une des salles, par l'intermédiaire d'un sien domestique, des livres, des tables

---

1. *Traité des pierres gravées,* 1750. I, 299.
2. *Collectionneurs de l'ancienne France,* p. 93, note C.

d'ébène et de bois de la Chine, des tablettes, des cabinets d'Allemagne, des guéridons à tête de More et autres curiositez[1] », tout ce qui ne lui paraissait pas digne de son incomparable collection.

C'est encore le xviie siècle qui eut l'idée d'appliquer le système des loteries au commerce des objets d'art[2]. La première combinaison de ce genre fut imaginée en 1657 par deux industriels, les sieurs Carton et Boulanger, sous le nom de *Lotterie Royale*. Le chiffre des lots s'élevait à deux millions de livres pour les tableaux, les meubles et les pierreries, auxquels on avait ajouté plusieurs maisons d'une valeur totale d'un million. « J'y ai vu, dit Sauval[3], quatre bibliothèques, force emmeublemens, tentures de tapisseries, argenterie, draps, tapis, brocards d'or et d'argent, dentelles, points de Gênes, de Venise, d'Oreillac, et une infinité d'autres choses rares et exquises. On m'y a fait voir quantité d'agates, de rubis, d'émeraudes, de perles, de diamants, de médailles d'or et d'argent, de grand et de moyen bronze, des tableaux de Léonard de Vinci, du Titien, du Poussin et de plusieurs autres excellens peintres anciens et modernes. Je fus admirer avec tout le monde de Paris

---

1. Mazarinade. *Collectionneurs de l'ancienne France*, p. 52.
2. En 1569, Derick, joaillier attaché à la maison de la reine d'Angleterre, avait déjà organisé une vaste loterie, mais il ne s'agissait pas de curiosités, on ne vendait que de l'argenterie. Il y eut 400,000 billets à 10 shillings, et la loterie, installée à Saint-Paul de Londres, devant l'église, dura du 11 janvier au 6 mai 1569.
3. III, 63.

la plus grande partie de ces richesses, dans une grande maison garnie, située au bout de la rue de Béthisi, appelée communément l'hôtel d'Anjou. » Sauval énumère toutes les précautions prises par les organisateurs pour inspirer confiance et attirer le public : estimation de chaque article par des « experts nommés d'office », contrôle par le juge des registres, des billets, du tirage, etc.; tout devait se passer avec la régularité d'une grande opération financière. Néanmoins la tentative, combattue dès l'origine par le commerce parisien, n'eut pas de succès; les six corps de marchands n'étaient pas gens à laisser s'installer sans opposition une concurrence aussi redoutable. Mais l'idée avait paru ingénieuse; la mode s'en empara, et voilà tout Paris organisant des loteries de beaux meubles ou d'objets d'art : les uns, comme le roi, la reine mère, Mazarin et quelques grands seigneurs, pour offrir à leurs invités des cadeaux magnifiques; les autres par spéculation, comme certaines femmes galantes qui mettaient en loterie leur mobilier, vendaient les billets fort cher à leurs amis et réalisaient, en fin de compte, un bénéfice assuré[1].

Aujourd'hui MM. les commissaires priseurs n'admettraient pas ce moyen détourné de faire une vente publique sans passer par leurs mains; mais

---

1. Sauval, III, p. 73 et suiv. Vers la fin du siècle, Fagnani, célèbre brocanteur, organisa une seconde loterie de ce genre à Paris (Fournier, *Paris démoli*, p. 363), ce qui donna lieu à la comédie de Dancourt, *la Loterie*.

leur monopole n'était pas encore inventé. L'officier ministériel n'intervenait que dans les ventes judiciaires ou après décès, dans les *inventaires,* pour parler le langage du temps. « On appelle inventaire, quoique assez improprement, la vente qui se fait publiquement et à l'encan des meubles d'une succession, ou des marchandises et autres effets d'un marchand ou d'un débiteur insolvable. Ce sont ordinairement les *huissiers priseurs* qui en font la proclamation. » Dans certains cas, l'huissier priseur était remplacé par le *sergent à verge,* qui prenait le titre de *juré priseur et vendeur de meubles.* « L'huissier priseur répond des deniers qui proviennent des marchandises, meubles et effets vendus... Il met le prix aux meubles et fait les fonctions de crier, en répétant plusieurs fois le prix qu'en offre le dernier enchérisseur et en ne délivrant la chose criée qu'après avoir averti que c'est pour la troisième et dernière fois qu'il le crie[1]. »

La vente est affichée et annoncée par la ville, suivant l'usage. Voici l'ordonnance pour la mise aux enchères définitive des meubles de Mazarin[2] :

DE PAR LE ROY

Et nosseigneurs les commissaires, députez par arrest de la Court de Parlement, pour la vente des meubles du cardinal Mazarin.

---

1. Savary des Bruslons, *Dictionnaire du commerce,* aux mots : *Inventaire, Huissier-priseur* et *Crier.*
2. Alf. Franklin, *Histoire de la Bibliothèque Mazarine,* p. 80 et suiv.

On fait à sçavoir : Qu'à la Requeste du Procureur général du Roy, il sera vendredi prochain, deuxième iour d'Aoust, deux heures de relevée, au logis dudit cardinal Mazarin, procédé pardevant lesdits sieurs Commissaires, à la vente des Statuës, Bustes, Figures, Tables, Peintures et autres meubles trouvez audit logis, au plus offrant et dernier encherisseur, en la manière accoustumée. Et sera la présente Ordonnnance publiée à son de trompe et cry public, et scellée, affichée aux carrefours de cette Ville et à la barre de ladite Cour.

Donné par nous Conseillers et Commissaires susdits, le 31 iour de Iuillet 1652.

Ainsi signé : PORTAIL, BRISART, PETAU ET PITHOU.
Par nosdits Sieurs les Conseillers Commissaires,
POLLIAC.

Leüe, publié à son de trompe et cry public, en tous les carrefours de cette Ville et faubourgs de Paris, par moy, Charles Canto, Iuré Crieur ordinaire du Roy en la Ville, Preuosté et Vicomté de Paris; accompagné de Iean du Bos, Iacques le Frain et Estienne Chappé, dit la Chappelle, Iurez trompettes de sa Majesté esdits lieux, le Ieudy, 1 Aoust 1652. Et le même jour affiché.

Signé : CANTO.

On connaît le sort de cette vente fameuse, un des scandales de notre histoire : les tableaux, meubles, statues, tapisseries, abandonnés à vil prix, la bibliothèque envahie et dilapidée, les livres pillés par ceux-là mêmes qui en avaient la garde et, pour tout dire, le Parlement promettant sur le prix de la vente une prime de 50,000 écus à celui qui assassinerait Mazarin. Un document peu connu[1] précise le rôle qu'auraient joué dans cette affaire les trois principaux commissaires délégués par le Parlement pour diriger la vente, Pierre Pithou, Paul Portail et Alexandre Petau.

M. Pithou a emporté des livres de la bibliothèque deux ou trois fois par jour pendant six semaines son carrosse plain, mesme avec des crocheteurs chargés. Le précepteur de ses enfants, son clerc et son valet de chambre ont souvent conduit des voitures. Ils en ont déchargé grande quantité à l'Image Notre-Dame dans la rue Coquillere pour avoir plus de facilité de les emporter ensuitte. Il a presque toutes les Bibles. Il venoit souvent, fêtes et Dimanches, et quelquefois le matin et le soir, que les autres Commissaires n'y estoient point, et entroit dans la chambre des Bibles avec son valet de chambre et quelques autres de ses gens, qui lui demandoient les uns et les autres des Bibles, et leur donnoit, disant luy qu'il n'en vouloit point prendre. Et le lendemain ou le soir, il en emportoit, disant qu'il les rapporteroit...

M. Petau en a emporté aussy souvent dans son carrosse; mais ce qui est de plus considérable est qu'il prenoit, soub son manteau, l'un des tomes de quantité des plus beaux livres et des plus curieux, et s'en rendoit ensuite adjudicataire du reste soubz noms supposés... Estant dans ladite Bibliothèque il a fait faire plusieurs paquets par les libraires, et leur disoit estant faitz : Combien cela vaut-il? et luy demandoient : Est-ce pour vous, M^r? — Ouy; cela ne vaut pas grand chose, combien l'estimez-vous? — Ce que vous voudrez, M^r.... Ledit sieur Pithou procedoit de la mesme sorte que ledit sieur Petau.

M. Portail en a fait mettre plusieurs boistes dans la Chappelle dont les Huissiers en avaient la clef. Quand il estoit dans la

---

1. Bulletin du Bouquiniste, *Épisode de la vente des livres du cardinal Mazarin*, par M. Rathery.

Bibliothèque, il demandoit quels livres c'estoient qu'ils manioient, et puis les regardoit leur disant, je ne connois pas les bons livres, dittes moi si ceux-là sont bons, et quand ils se trouvoient bons, lesdits libraires lui disoient, prenez ceux-là, ils sont bons; il les prenoit et faisoit porter dans la Chappelle... et quand le soir estoit venu, que tout le monde estoit sorti, il les faisoit mettre sur ledit procès-verbal.

Jusqu'à quel point faut-il accueillir ces dénonciations anonymes? Les trois commissaires étaient ennemis jurés du cardinal; grands amateurs de livres, sans pitié pour un rival et sûrs de l'impunité. J'ignore ce que la casuistique du bibliophile autorise en pareil cas.

VII.

« C'est de l'or en barre que les tableaux, écrit Coulanges à Mme de Sévigné[1]; il n'y eut jamais de meilleure acquisition. Vous les vendrez toujours au double quand il vous plaira. Ne vous ennuyez donc pas d'en avoir toujours de nouveaux à Grignan, et parez-en vos cours et avant-cours quand vous en aurez suffisamment pour toutes vos chambres. » Coulanges avait raison; l'élan était donné, la curiosité augmentait graduellement ses affaires, ses prix

1. Août 1675.

et sa clientèle. En 1673, on compte à Paris quatre-vingt-cinq cabinets principaux[1]; vingt ans plus tard, de Blegny[2] donne les noms de cent trente-quatre *fameux curieux parisiens,* et leur place est si considérable, si évidente, que La Bruyère leur consacre une étude; ce sont des *caractères*[3].

A quelle cause faut-il donc attribuer la pénurie des catalogues sous Louis XIV? Comment le développement rapide des curieux n'a-t-il pas pour conséquence un accroissement dans le chiffre des ventes publiques?

D'abord les grandes galeries, les seules pour lesquelles on faisait des frais de publicité, sortent le moins possible de la famille. Quand par hasard un amateur ou ses héritiers veulent se défaire d'une collection, ils trouveront bien moyen de traiter avec le roi, les échevins, le gouverneur de la province, ou quelque seigneur en train de se monter un cabinet. A leur défaut, on préfère vendre en bloc à un marchand qui détaillera sans afficher le nom du vendeur. Naturellement ces transactions se passent à l'amiable et n'entraînent ni publications, ni trompette, ni huissier priseur, ni catalogue.

D'ailleurs, l'organisation d'une vente n'était pas chose facile; il fallait compter avec les priviléges

---

1. J. Spon, *Recherche des antiquités et curiosités de la ville de Lyon,* 1673.
2. *Livre Commode des adresses de Paris,* 1691.
3. Chap. *de la Mode.*

des corps de métiers. La communauté des peintres prétendait se réserver le commerce exclusif des ouvrages de peinture ; plusieurs ordonnances interdisaient « même aux huissiers ou autres particuliers de faire des ventes publiques de tableaux, si ce n'est en cas d'inventaire et de saisie, ou en vertu d'une ordonnance du lieutenant civil [1] ». Les libraires n'étaient pas plus traitables ; ils vendaient souvent aux enchères, mais pour leur compte, dans leur boutique et sans catalogue. Le docteur Lister raconte [2] qu'il se rendit à une de ces ventes rue Saint-Jacques, centre principal de la librairie parisienne : « Il y avait, dit le voyageur anglais, quarante ou cinquante personnes, abbés ou moines pour la plupart. On traînait et on lanternait la vente autant que chez nous, et c'était fort cher. L'*Hispania illustrata d'André Schott,* édition de Francfort, de vingt livres, sa mise à prix, monta petit à petit à trente-six, prix auquel elle fut adjugée. Le livre qu'on mit sur table (*put up*) immédiatement après fut un catalogue de livres français, par Lacroix du Maine, un petit in-folio couvert de vieux parchemin, huit livres ; quand je vis cela, je les laissai s'arranger entre eux comme il leur plut. » Quant aux ventes privées, l'édit de 1686 interdit aux particuliers de disposer de leurs bibliothèques « par vente ou autrement », sans avoir obtenu la

---

1. Voir notamment un arrêt de la Cour du Parlement, du 31 mars 1685.

2. *Voyage à Paris.* Éd. 1873, p. 127.

permission spéciale du lieutenant de police et sans que la bibliothèque ait été visitée par les syndics de la librairie ; encore faut-il que la vente soit faite par un libraire ou un imprimeur, qui devront se faire représenter le certificat de visite des syndics, « sous peine d'une amende de 500 livres, avec interdiction pendant six mois[1] ». La visite des syndics avait pour objet de saisir les pamphlets politiques et les livres prohibés.

La police exerçait la même surveillance sur les ventes de médailles. En 1696, Pontchartrain écrit à M. de la Reynie « d'envoyer un homme à la vente de l'abbé Bizot, lorsqu'on vendroit les médailles *insolentes* de ce cabinet... affin de voir toutes celles qui sont mauvaises, de quelque métail que ce soit, et de les faire mettre à part. L'intention de Sa Majesté est qu'en vostre présence celles qu'il jugera devoir estre supprimées soient mises dans un sacq cacheté ; par ce moyen, il ne s'en détourneroit aucune, et j'auroy soin de les envoyer à la monnoye et d'en faire payer le prix aux créanciers[2]. »

A la même époque, les catalogues sont beaucoup plus répandus en Hollande, mais la vente y est libre. Le Hollandais nous avait devancés dans l'organisation commerciale de la curiosité. Né collectionneur et marchand, il aimait passionnément

---

1. Savary des Brulons, *Dictionnaire du Commerce*, au mot : *Livres*.
2. Jal., *Dictionnaire*, *Médailles*.

les tableaux de son école, les livres de ses imprimeurs, les laques et les porcelaines que ses navires lui apportaient de l'extrême Orient, ses faïences et ses tulipes ; il les payait fort cher, en formait des collections considérables et, la hausse une fois faite, revendait à bénéfice en gros ou en détail. Ce nouveau mouvement d'affaires exigeant une organisation commerciale, on fut amené à traiter la curiosité comme les autres marchandises ; la vente publique fut réglementée d'une manière pratique, uniforme et, pour commencer, on lui donna un domicile fixe, une Bourse unique et centrale ; à Amsterdam, cette Bourse se tenait au *Vieux Heer Logement*. Pour couper court aux prétentions des corps de métier, un commissaire officiel fut nommé par les bourgmestres ; il s'appelait *vendu-meester* ou *afslager ;* son rôle se bornait à présider et à prononcer l'adjudication, le courtier faisant l'estimation. « Au milieu d'une cour est élevé une espèce de bureau, sur lequel cet officier se place, ayant à ses cotez les courtiers, et devant lui une table avec un bassin de cuivre et une baguette pour frapper dessus lorsqu'il veut imposer le silence, ou qu'il veut adjuger les lots aux derniers enchérisseurs... Lorsqu'après diverses enchères il s'apperçoit que personne n'enchérit plus, il frappe un coup sur le bassin pour adjuger le lot[1]. » On n'a rien trouvé de mieux depuis deux siècles. Du *courtier* nous

---

1. *Dictionnaire du Commerce,* au mot : *Vendu-Meester.*

avons fait l'*expert,* du *vendu-meester* le *commissaire-priseur,* nommé comme lui par l'État et remplissant les mêmes fonctions ; la Bourse de la curiosité s'appelle l'hôtel Drouot, et la baguette frappant sur le bassin est le prototype du marteau d'ivoire[1].

Il restait à trouver le marchand de curiosités ; c'est la dernière création du xviie siècle.

Plusieurs corps d'états se partageaient alors, comme autrefois, la clientèle du curieux. En première ligne venaient le *peintre,* le *sculpteur,* le *graveur* et *l'orfévre,* qui vendaient seuls et directement leurs ouvrages, soit à l'atelier, soit en boutique, soit au champ de foire. Charles Hérault, peintre du roi et conseiller de l'Académie, dressait périodiquement son étalage à la foire Saint-Germain[2], et Sauval, à ce propos, s'émerveille « de l'infinité de tableaux entassés et placés les uns sur les autres dans les loges des peintres[3] ».

La *jouaillerie* et la *bijouterie,* la vente des « tableaux, estampes, figures de bronze, de marbre, de bois, candélabres, girandoles, pendules, cabinets, tables », ouvrages de laque et de porcelaine, etc., c'est-à-dire le commerce « de toutes

---

1. Le marteau était déjà employé dans les ventes anglaises en 1755, à l'imitation de la baguette hollandaise, *Livre-Journal* de Lazare Duvaux, par L. Courajod, I, p. CXLIV. Je tiens de M[e] Ch. Pillet que c'est Me Bonnefons de Lavialle qui se servit le premier en France du marteau, à une vente de chinoiseries.

2. G. Brice, éd. 1698, II, 245.

3. Sauval, I, 665.

sortes de curiositez servant à orner ou les personnes, ou les appartemens », formait une des attributions du *mercier*[1].

Enfin, le corps des *fripiers*, que nous avons déjà vu à l'œuvre, achetait, vendait ou troquait les vieux meubles, les anciennes tapisseries, les armes démodées, aussi bien que les habits, étoffes et dentelles hors d'usage.

Autour de ces grandes communautés, régulièrement constituées, fourmillait un monde de revendeuses, « femmes ou filles d'artisans pauvres, crocheteurs, gagne-deniers ou soldats aux gardes », association interlope, connue sous le nom de *crieuses de vieux chapeaux*, sans existence légale, mais tolérée par le lieutenant de police. Ces femmes ne vivaient guère que de la vente publique et formaient une ligue redoutable ; « elles courent les inventaires, dit un contemporain, et y font bien leurs affaires, quand elles s'y connaissent... Si plusieurs bandes se trouvent à une vente, elles n'enchérissent jamais les unes sur les autres, et toutes celles qui ont été présentes aux achats peuvent y avoir part et les lotir avec les enchérisseuses ; ce qui s'appelle, en jargon de crieuses, *vuider les lots*[2] ».

Vers la fin du siècle, un nouveau personnage

---

1. *Dictionnaire du commerce*, aux mots : *Mercier, Jouaillier, Bijoutier*.

2. *Id.*, au mot : *Crieuses*, etc. Voir notamment dans le *Supplément* l'ordonnance de police du 11 octobre 1697.

entre en scène, c'est le *brocanteur*, l'équivalent de notre marchand de curiosités. Ce mot, dont l'étymologie faisait le désespoir de Ménage, signifie « celui qui achète, revend ou troque des tableaux, des cabinets, des bureaux, des bronzes, des tables et figures de marbre, des porcelaines, des pendules, des tapisseries, des paravens, et autres semblables marchandises, meubles et curiositez. Il n'est guère en usage, ajoute Savary, que dans Paris et particulièrement chez les curieux et les peintres, ou parmi quelques marchands merciers ». Le brocanteur est la synthèse de tous les éléments que j'ai indiqués plus haut; marchand de tableaux comme le *peintre*, de meubles et de porcelaines comme le *mercier*, il troque et vend l'article d'occasion comme le *fripier*. C'est un irrégulier, sans maîtrise, familier des ventes, et grand organisateur de coalitions, comme les *crieuses*; il continue à *vuider les lots*, seulement le procédé s'appellera dorénavant la révision[1].

L'avénement du brocanteur marque la dernière étape de la curiosité; elle possède une clientèle, des ventes, des catalogues et des marchands spéciaux, un personnel et un matériel complet. Le xviiie siècle pourra décupler ses affaires, fonder l'hôtel Bullion, faire du catalogue une œuvre d'art, dresser des huissiers-priseurs comme Chariot; des experts comme Mariette, Gersaint et Basan; il

---

1. *Confession publique du brocanteur,* 1776, p. 27.

pourra tout perfectionner, même le brocantage ; il n'inventera rien. Désormais la curiosité a sa physionomie, ses fonctions et ses organes définitifs.

VIII.

On connaît 2,158 catalogues de ventes imprimés au xviiie siècle[1] ; la moitié environ sort des presses d'Amsterdam, de La Haye, de Harlem, d'Utrecht, etc. ; l'autre moitié (1,049) appartient à la curiosité parisienne. A coup sûr le chiffre est respectable ; calculée sur la période entière, la moyenne dépasserait 10 catalogues par an, c'est-à-dire 10 ventes d'une certaine importance, car les encans secondaires faisaient l'économie de l'imprimeur et se contentaient de notices manuscrites. Mais, en y regardant de plus près, on arrive à des résultats tout différents. De 1700 à 1750, sur 215 catalogues imprimés, 185 sont hollandais et 30 seulement parisiens, c'est-à-dire que, pour ce demi-siècle, notre contingent ne dépasse pas une vente tous les deux ans. La curiosité veut prendre son temps ; elle a bien débuté, elle a mis la main sur deux experts in-

---

1. *Les Ventes de tableaux, dessins*, etc., par G. Duplessis. 1874.

comparables, Gersaint et Mariette; ses premières affaires, les ventes de Verrue, Crozat, Carignan, de Lorangère, ont fait du bruit; elle est prête, sous les armes, et, quand viendra l'heure, on peut compter sur elle.

De 1751 à 1760, la moyenne des catalogues parisiens s'élève à 4 par an, il y a progrès. — De 1761 à 1770, la moyenne monte rapidement à 13; — de 1771 à 1775, à 28; — de 1776 à 1785, elle atteint le chiffre de 42 par an. C'est l'apogée des ventes; la curiosité a la fièvre, elle va, vient, passe de mains en mains, de la cour à la ville, de la ville au théâtre, du théâtre au palais. Blondel de Gagny, La Vrillière, la comtesse du Barry, Randon de Boisset, le prince de Conti, Laborde, Vaudreuil, défilent tour à tour devant l'huissier priseur; avec Blondel d'Azincourt, le duc d'Aumont, la duchesse de Mazarin, le marquis de Menars, et les débris de leurs cabinets vont former de nouvelles collections qui disparaîtront à leur tour. « C'est une partie de volant dans laquelle la bourgeoisie et la noblesse se renvoient si vite les chefs-d'œuvre de l'art, qu'on ne sait vraiment à qui ils appartiennent[1]. »

Les vignettes imaginées par Baudouin, Cochin et Saint-Aubin pour illustrer les catalogues, représentent par certains côtés la physionomie de ces ventes; mais la ressemblance est bien incomplète.

---

1. Thibaudeau. Préface du *Trésor de la curiosité*.

Joullain est plus réaliste, c'est l'homme du métier qui parle :

Il ne faut pas s'étonner, dit-il[1], si les ventes attirent une grande affluence de monde ; elles font spectacle par la variété et le mérite des objets qui les composent ; elles excitent l'attention en ce qu'elles offrent le tableau le plus piquant de la rivalité des amateurs entre eux, des amateurs contre les marchands, des marchands avec les artistes, des marchands avec leurs confrères. L'homme que la simple curiosité attire à une vente est toujours surpris de voir succéder en un instant, sur un même objet, la chaleur à l'indifférence, la lenteur des enchères sol à sol à la marche rapide des pistoles, des centaines de livres. Il se plaît à contempler sur le visage de l'amateur cette indécision qui accompagne visiblement son goût le plus décidé, le désir qu'il aurait que l'on prolongeât l'intervalle des enchères. Il sourit de la figure composée du marchand qui feint à chaque instant d'abandonner un objet qu'il brûle d'avoir en sa possession, et qui n'agit ainsi que pour presser de plus en plus l'amateur à se déterminer ; conduite d'autant plus adroite, qu'il sait que, par un pareil moyen, ou il lui fera sauter le fossé, ou il l'en empêchera entièrement. Le zèle de l'huissier priseur n'échappe point à son œil observateur ; car celui-ci le redoublant à proportion de la somme attachée à l'article, a grand soin de réveiller l'engourdissement de l'amateur par la répétition continuelle de ces mots : *Dites-vous ? dit-on ? Monsieur dit-il ? Personne ne dit mot ? Je vais adjuger. Vous ne dites mot, monsieur, je vais adjuger,* etc., sans cependant aller aussi vite qu'il paraît le promettre, espérant toujours que la valeur augmentera, ainsi que son bénéfice, et par contre-coup celui de la bourse commune. Enfin, dans une vente publique, tout est également susceptible d'intéresser ; depuis l'officier en exercice qui adjuge, jusqu'à celui qui ne vient que pour se chauffer ou dormir, tout sert de leçon aussi utile qu'agréable.

---

1. *Réflexions sur la peinture et la gravure.* Metz, 1786.

Le tableau n'est-il pas pris sur le vif? On le dirait écrit d'hier.

Gersaint avait eu l'occasion, dans ses voyages, d'étudier le système de vente hollandais ; il l'introduisit en France, du moins dans ses dispositions essentielles. Au XVIIIe siècle, l'expert prépare la vente, dresse le catalogue, fait faire les affiches, loue la salle quand il ne la fournit pas lui-même, paye l'huissier priseur à raison de six livres par vacation, plus le droit de trois deniers par livre sur le montant de la vente [1]. C'est encore lui qui fait la prisée et annonce au public le chiffre de la demande. L'huissier priseur, officier ministériel, préside, prononce l'adjudication et consacre officiellement la vente.

Gersaint fit école ; après lui nous pouvons citer Basan, *le maréchal de Saxe de la curiosité,* comme l'appelait le duc de Choiseul; Glomy et son confrère Pierre Remy, « peintre et négociant en tableaux et autres curiosités », l'expert le plus affairé de son temps; Joullain père et fils; Helle, qui a laissé tant de catalogues annotés de sa main et pleins de documents précieux [2]; Julliot, Langlier, Paillet l'ancien, Regnault-Delalande ; Pierre Lebrun et son fils J.-B. Lebrun qui épousa Mlle Vigée; « M. Lebrun, garde des tableaux de S. A. R. Mgr le comte d'Artois, logé sur la gauche

---

1. Eug. Piot, *Cabinet de l'amateur.* 1861-62.
2. La plupart de ces catalogues sont au Cabinet des Estampes.

de la rue de Cléry, à l'ancien hôtel Lubert, est de tous les marchands celui qui a le plus voyagé dans les pays étrangers... il fait aussi les catalogues raisonnés des ventes les plus belles, dont on lui fait souvent l'honneur de le charger », dit élégamment le *Guide de l'Amateur* [1].

La salle Lebrun a longtemps servi aux ventes publiques; c'est là que M*e* Pillet fit ses premières armes en 1855, avant de mener les grandes batailles avec l'éclat, l'entrain et l'autorité que l'on sait. Gersaint vendait chez lui, au pont Notre-Dame; Pierre Remy, rue Poupée; Paillet, à l'hôtel d'Aligre. En 1780, Paillet acheta l'hôtel du surintendant Bullion, rue Plâtrière, aujourd'hui rue Jean-Jacques-Rousseau, pour « y former une espèce d'établissement consacré aux ventes publiques de tableaux et autres effets curieux [2] ». L'hôtel Bullion n'a disparu que de nos jours. Du reste, on vendait un peu partout, chez l'expert, au domicile du vendeur, chez le sieur Dumarest, rue du Bouloi; à la salle Silvestre, chère encore aux bibliophiles; au couvent des Grands-Augustins, à la maison de Saint-Louis, chez MM. de Sainte-Croix de la Bretonnerie; à défaut de salle, on s'accommodait d'une porte cochère [3].

Vers la fin du siècle, le commerce de la curiosité tend de plus en plus à se grouper autour du

---

1. Thiery, *Guide de l'amateur*. 1786.
2. *Id., ibid.*
3. Eug. Piot, *Cabinet de l'amateur*. 1861-62.

Palais-Royal, quartier favori des grands amateurs, des belles ventes et des brocanteurs à la mode ; ces honnêtes industriels prenaient grand soin de se loger autant que possible au cœur de la place. Leur nombre et, je l'avoue, leur savoir-faire augmentaien dans des proportions inquiétantes ; Joullain, qui connaissait bien ses confrères, se plaint amèrement « de l'immensité des marchands sans considération qui pullulent dans Paris », surtout des marchands de tableaux « dont la plupart, pour ne pas les englober tous, ne sont pas fort en réputation de probité ! ». Réunis en société secrète, sous le nom de *Grafinade* [2], ils pratiquaient sur une grande échelle la coalition, la révision, le maquignonnage sous toutes les formes ; la science moderne n'a rien trouvé de mieux.

De 1786 à 1800, la moyenne annuelle des catalogues descend tout à coup de 42 à 19. La curiosité du XVIIIe siècle agonise, étranglée par la Révolution ; on enterre les derniers cabinets et Lebrun conduit le deuil avec Regnault-Delalande. Voici l'Empire et la Restauration : adieu les collections galantes, les beaux catalogues et les ventes tapageuses, adieu les délicats et les fous du siècle passé ! La *Fête vénitienne* de Watteau se vend 399 francs [3] et le *Portrait de Latour*, 15 fr. 95 [4] ; Fragonard et

---

1. *Réflexions sur la peinture*, etc.
2. Mercier, *Tableau de Paris*, *Ventes par arrêt de la Cour*.
3. Vente Clos. 1812.
4. Vente Maurice. 1819.

Chardin vont rejoindre Gouthières; quant à Boucher on n'en parle même pas, Menjaud et Laurent prennent sa place. L'égyptien triomphe et les momies font prime. L'amateur se met au régime pour se refaire, le brocanteur expie ses péchés de jeunesse et la *révision* se repose sur ses lauriers, espérant de meilleurs jours.

Pourtant la grande curiosité n'était pas morte. Retirée loin du monde, chez quelques incorrigibles comme Lapeyrière, Lafontaine, le chevalier Érard, elle attendait son heure. D'autre part le mouvement romantique avait fait éclore une nouvelle génération de chercheurs : les uns, comme Nodier, ouvraient aux bibliophiles des filons inexplorés; les autres s'appelaient Lenoir, Du Sommerard, Sauvageot, Revoil, Willemin, pionniers infatigables et grands ramasseurs de miettes. Derrière eux marchait une petite armée de commerçants actifs, intelligents, Mlle Delaunay, Escudier, Montfort[1], Roussel, Beurdeley, Henry, Grandjean, l'honnête Mannheim qui vit encore et dont le fils continue fidèlement les traditions paternelles. Les recrues se préparaient à sauver les débris de la vieille garde.

A partir de 1830, on commence à reprendre courage. Déjà le marché s'élargit ; quelques collections célèbres, celle d'Érard (1832), de Jacques Laffitte (1834), de la duchesse de Berry (1837), tom-

---

1. La vente Montfort (10 décembre 1833) produisit 119,961 francs.

bent dans le domaine public. Bientôt l'école française contemporaine fait son apparition sur le marché; le XVIIIe siècle sort de terre à son tour, ramenant ses peintres, ses graveurs et ses livres. De 1840 à 1850, les ventes se succèdent rapidement : le comte Perregaux, Aguado, Debruge-Duménil, le maréchal Soult, Armand Bertin, Patureau, — j'en passe et des plus renommés, — versent dans la circulation les trésors de leurs galeries. Tableaux, estampes, émaux, livres, faïences, médailles, l'antiquité, le moyen âge et les temps modernes, la grande et la petite curiosité arrivent pêle-mêle et inondent la place. Le torrent est irrésistible, il entraîne la mode et la foule; les ventes engendrent l'amateur, l'amateur engendre les ventes, l'un pousse l'autre, et, le marchand aidant à tous les deux, le commerce de la curiosité prend des proportions inouïes.

Cependant la Révolution avait bouleversé le régime des ventes, comme le reste. La loi du 27 ventôse an IX (1801), en établissant à Paris quatre-vingts *commissaires-priseurs* pour remplacer les huissiers priseurs supprimés, leur avait donné le monopole des ventes aux enchères. La nouvelle Compagnie, logée à l'ancien hôtel des Fermes, tenta d'y centraliser ses opérations; mais le local était insuffisant. Elle émigra place de la Bourse et quelques dissidents s'installèrent rue des Jeûneurs, sans pouvoir contenir le flot envahisseur. Enfin la Compagnie prit le parti de construire à ses frais un établissement central, unique et définitif; l'hôtel Drouot fut ouvert au public dans les premiers mois de 1854.

Ici s'arrête notre histoire. Depuis l'*atrium auctionarium* des Romains jusqu'à l'*hôtel Drouot*, le commerce de la curiosité a fait du chemin. Nous l'avons vu débuter, prendre corps, se transformer, grandir, marquant chaque jour un plus bel appétit. Aujourd'hui le minotaure a toutes ses dents; il consomme bon an mal an 650 catalogues par saison [1], 5 par jour, et compte bien ne pas en rester là.

---

[1]. Du 7 octobre 1876 au 27 juin 1877 : Catalogues de tableaux, 244; de livres et d'estampes, 127; de monnaies et d'antiques, 12; d'autographes, 11; de faïences, 19; d'armes, 6; d'autres curiosités, 229; en tout, 648 catalogues.

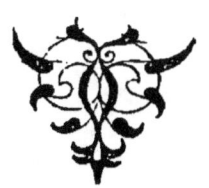

LE CONFORT.

I.

HAQUE pays a sa matière de prédilection où il excelle, a dit un homme d'esprit. La Grèce s'attaque au marbre, la Chine à la porcelaine, l'Égypte au granit et au porphyre, l'Italie aux couleurs et au verre. La France, pauvre en matières dures et brillantes, prend le bois, le taille, l'incruste, le colore et en fait un objet précieux.

L'ébénisterie est un art propre aux peuples de coin du feu; les Romains et les Orientaux ne l'ont point connu, les Italiens n'ont fait que l'entrevoir; il était réservé à la France, le pays où l'on sait encore le mieux recevoir et causer, le pays du *chez soi*, de l'intimité élégante, d'être aussi la patrie de ces grands maîtres qui, depuis les *huchiers*

du moyen âge jusqu'à Ducerceau, Boulle, Bérain, Gouthières et Jacob, ont fondé l'école française du mobilier.

S'il en est ainsi, si, pendant sept à huit cents ans, nos artistes ont possédé à perfection l'art du meuble, s'ils en ont exploré tous les filons, renouvelant, transformant les types avec une fécondité prodigieuse, assouplissant leur génie aux exigences de chaque siècle, aux caprices de chaque mode, est-il vrai qu'ils aient ignoré une des conditions les plus élémentaires de leur art, en un mot que le *confort* soit une invention moderne?

D'abord de quel *confort* veut-on parler, car nous en connaissons plusieurs : celui du salon, par exemple, qui n'est pas celui du fumoir, lequel n'est pas davantage celui de la salle à manger. On dîne fort mal dans une causeuse ou sur un divan ; une femme en tenue de bal ne va pas se noyer dans un *confortable* au risque de massacrer sa toilette et de montrer sa jambe à perte de vue. Le *confort* de quelle saison? celui de l'été qui ne ressemble en rien à celui de l'hiver? — De quel pays? le russe, le français, l'italien, l'oriental? Êtes-vous bien couché dans le lit des Anglais, bien assis dans la *balance* des créoles, ou les pieds sur la cheminée, à l'américaine? — De quel siècle, de quel mode parlez-vous? Il y a des modes pour s'asseoir, comme pour marcher et pour se vêtir ; le plus ou moins d'envergure des robes, l'épaisseur des tissus, les attitudes en usage dans le monde bouleversent de fond en comble la forme des meubles, et nos grand'mères se faisaient faire, pour leurs robes à fourreau, ces canapés impossibles que nous conservons pieusement dans la *chambre d'amis.*

— Mais, me direz-vous, le siége *confortable* est tout simplement celui où le corps est installé à merveille, dans toutes ses positions. — Je vous entends : votre idéal est un fauteuil mécanique pour malades, ce n'est pas le mien. J'aime un vêtement *confortable*, mais je le veux bien coupé ; autrement j'y nagerai peut-être, mais je m'y trouverai fort mal à l'aise. Dieu me préserve de demander à nos ébénistes de fabriquer des trônes ou des temples ; mais je redoute autant leurs inventions lourdes, vulgaires, informes, sous prétexte de *confort.*

Disons-le donc une fois pour toutes : il n'y a point de *confort* absolu ; chaque siècle, chaque pays, chaque mode, a le sien. La comparaison même est impossible ; le bien-être chez les peuples civilisés étant chose arbitraire, conventionnelle, et les délicatesses de l'un pouvant ne pas être celles de l'autre. Nous nous accommoderions fort mal du lit de roses des Sybarites, qui cependant passaient pour s'y connaître ; les Romains, blasés sur toutes les nonchalances de l'Asie, riraient bien s'ils nous voyaient assis autour d'une table à manger,

Spectatum admissi risum teneatis amici;

et je doute que nous acceptions de coucher sur des éponges, comme le faisaient certains raffinés du temps d'Athénée.

Au moyen âge, on vivait en plein air, toujours à cheval, en chasse ou en guerre; le sang circulait vite, chaud et abondant; les habits étaient épais, l'étoffe résistante. Ces gens se seraient trouvés fort mal assis dans les siéges modernes, bas, mous et fondants, délices de nos anémiques; — avez-vous remarqué la façon gauche dont les militaires en uniforme se posent sur le bord d'une causeuse? — Chez les femmes, l'allure était vive, décidée; ces habitudes supposent un mobilier robuste et dégagé, quelque chose de franchement bâti, qui sente la charpente; l'étoffe, le galon, la passementerie ont l'aspect mâle de *l'article voiture;* la main-d'œuvre est le fait du sellier autant que du tapissier[1]. Le siége sera un peu élevé et le dossier droit; car le mobilier est l'image des mœurs : à mesure qu'elles s'abaissent, le siége descend et le dossier s'incline.

Cet accord mystérieux des meubles et de l'individu existe plus ou moins à toutes les époques, mais il forme un des traits caractéristiques du moyen âge; pour peu que l'on examine sans parti pris les manuscrits du temps, on en sera frappé.

---

1. Au temps d'Étienne Boileau (XIIIe siècle), les *huchiers-charpentiers* formaient une même corporation; en 1399, Jehan de Troyes, *sellier* et valet de chambre du roy, fait « une chaière... dont le siége et acoutouères sont garnies de cordouan vermeil, de frenges de soye », etc. (Catal. Joursanvault, n° 720.)

Regardez ce bourgeois installé près du feu, devant sa table à manger et sa crédence sous la main ; cette dame encourtinée dans « un bon lit à la françoise, haut de paille, mou de plume, l'oreiller parfumé de violettes[1] » ; ce moine enfoncé dans sa chaire, écrivant sur un pupitre fixé aux accoudoirs, l'encrier suspendu à droite, à gauche la *roë* tournante chargée de livres à double étage. Évidemment, le personnage et le meuble sont faits l'un pour l'autre, *l'échelle* est la même ; tout ce monde se trouve bien installé chez soi, dans le mobilier qui convient à ses goûts, à ses habitudes. Cependant l'art s'est-il effacé? a-t-il du moins fait quelque concession aux exigences de la pratique? Nullement ; la table, la crédence, la chaire, le lit sont des modèles de bon goût et de bon sens ; le même cerveau a conçu, la même main a exécuté le beau et l'utile en même temps, et cela avec tant d'adresse que l'on ne sait où l'un commence et où l'autre finit. Soit dit en passant, voilà une belle recette que nous avons perdue ; jadis c'était le secret de tout le monde, et le maître maçon, comme le maître huchier, savaient faire une construction, — cathédrale, meuble ou maison, — élégante et pratique tout à la fois.

Mais laissons là le moyen âge pour jeter un coup d'œil à la Renaissance ; au fond, les principes sont les mêmes.

1. *Lai de Courtois.*

II.

Le meuble français du xvie siècle[1] est une des expressions les plus exquises et les plus achevées du génie national, et cependant personne n'a encore eu l'idée d'en écrire l'histoire. On nous a donné des aperçus, des notices sur tel ou tel échantillon, des images plus ou moins réussies, mais de travail général et critique point ; « un peu de chaque chose, et rien du tout, à la françoise », dirait Montaigne ; en somme, beaucoup de pages détachées et pas un livre. On ne songe pas à continuer, pour la Renaissance, le dictionnaire que M. Viollet-le-Duc a déjà parachevé pour le moyen âge ; en sorte que nous connaissons peut-être mieux la vie privée d'un bourgeois du xive siècle, que celle des contemporains de François Ier et de Henri II.

Ce n'est pas qu'il soit facile de pénétrer dans l'intimité de la Renaissance. Le moyen âge est plus accommodant ; il nous donne tout d'abord deux guides incomparables : ses enlumineurs et ses peintres. Mais à partir de François Ier, les manu-

---

[1]. Je prends les mots *Renaissance* et xvie *siècle* dans leur sens le plus général, c'est-à-dire jusqu'à la mort de Henri III, mais je m'arrête là ; quand Bernard Palissy, François Clouet, Pierre Lescot, Philibert de l'Orme et Jean Goujon sont dans la tombe, la Renaissance est bien morte.

scrits à vignettes disparaissent rapidement, les peintres et les graveurs relèvent tous plus ou moins de l'école de Fontainebleau, qui invente pour ses héros des costumes et des meubles de fantaisie. Quant à Ducerceau, sa clientèle en général est une clientèle d'exception, de luxe; il faut le consulter avec précaution.

Restent les monuments recueillis dans les musées; la mine est riche, mais prenons garde et ne perdons pas de vue notre programme. Par exemple, les plus beaux siéges connus sont des meubles d'apparat que l'excellence du travail ou des souvenirs honorifiques ont préservés de la ruine. Or un siége de cérémonie suppose des formes graves, majestueuses; c'est la place d'honneur réservée au seigneur, à l'hôte. Former son opinion d'après ces modèles serait faire fausse route; autant vaudrait juger de la vie privée chez les Romains par leurs fauteuils de marbre ou de bronze.

Voilà donc un premier triage à faire. Mettons encore de côté, s'il vous plaît, le mobilier religieux, qui ne rentre pas dans notre cadre. Enfin je voudrais éliminer, s'il était possible de le faire avec certitude, les pièces de pure décoration destinées aux chambres de *parement* ou de parade et qui ne servaient jamais que pour la montre. Tout cela n'est pas le meuble courant, de tous les jours, le seul que nous cherchions.

En somme, le contingent des musées se réduit pour nous à peu de chose, et l'on ne peut trancher la question sur un si petit nombre de témoignages. C'est là précisément l'erreur commune ; on aura remarqué dans une collection des siéges de forme bizarre, sans en comprendre la destination, et de prime abord on en conclut que le XVIe siècle n'entendait rien au *confort,* — invention moderne. — C'est aller un peu vite en besogne, et nous ne traiterons pas si cavalièrement nos amis. Connaissons-nous seulement les siéges dont ils se servaient habituellement? Trois ou quatre peut-être ; mais si j'en crois les inventaires et les petits livres du temps, le nombre de ces meubles était fort respectable et les formes très-variées, ce qui supposerait déjà une certaine recherche.

En voulez-vous la nomenclature? Voici d'abord le *banc* et ses dérivés : la *bancelle*[1], le banc à *dossier simple* et le banc à *dossier mobile* qui permettait de faire face à la cheminée ou de lui tourner le dos à volonté ; « plaisant banc de noyer qui soustiens les rains et le dos », dit Gilles Corrozet[2], qui n'aimait pas plus qu'un autre à être mal assis. La *forme* est encore un banc divisé en stalles par des accoudoirs[3].

Passons à la *chaire* qui a un sens fort étendu et

---

1. « Quatre bancelles aussy de bois de chesne. » (*Inventaire* de Louise de Lorraine.)
2. *Blasons domestiques*, 1539. Voir la gravure en tête du *Blason du Banc.*
3. La *forme* est un souvenir du moyen âge (*forme* ou *fourme*); un inventaire de la fin du XVIe siècle en fait encore mention.

comprend toutes les variétés de la chaise ; je me borne à citer celles qui reviennent le plus souvent dans les textes : la *chaize sans bras*, c'est le nom que lui donnent les inventaires ; — le *faudesteuil*, qui n'est point notre fauteuil, mais un pliant[1] ; — la *caquetoire* ou *caqueteuse*, aujourd'hui nous dirions une *causeuse*. « On avoit donné à Paris le nom de caquetoires, dit Henry Estienne, aux siéges sur lesquels estans assises les dames, et principalement si c'estoit autour d'une gisante (accouchée), chacune vouloit monstrer n'avoir point le bec gelé[2]. » Le type des *caqueteuses* est connu, quelques-unes sont fort élégantes ; — la *chaire* ordinaire à dossier élevé, que l'on appelle improprement une stalle. Sa place traditionnelle était près du lit, contre le mur, comme l'indique le revers du dossier qui n'est point façonné[3].

>   Chaire près du lict approchée,
>   Chaire faite pour reposer
>   Pour caqueter et pour causer ;
>   Chaire de l'homme grand soulas
>   Quand il est trauaillé et las ;

1. *Faulding stuillis*, dans l'*Inventaire* de Marie Stuart (Edinburgh, 1863) ; c'est-à-dire *folding stools*, des tabourets pliants. C'est l'étymologie du mot *faudesteuil, fauteuil*.
2. *Deux Dialogues*, etc., p. 162. Voir aussi *Apologie pour Hérodote*, ch. VIII.
3. Philibert de l'Orme recommande de placer les cheminées de manière à « donner espace et largeur suffisante à la place du lict et de *la chaire qui doit estre auprès* ». (*Arch.*, livre IX.) — *Le lit coustoy de chaise*, dit Fr. Villon dans une de ses ballades.

> Chaire bien fermee et bien close,
> Où le muscq odorant repose
> Avec le linge delyé,
> Tant souef fleurant, tant bien plyé [1].

En effet, le linge de nuit, que nos aïeux voulaient parfumé et d'une extrême fraîcheur, était renfermé dans le coffre de la chaire, à la tête du lit, et le panneau du dossier fixé par des charnières s'ouvrait en s'abattant sur les accoudoirs pour former table de nuit. Il me semble que voilà déjà bien des raffinements. — La *chaize à double dossier* [2] qui ressemblait sans doute au banc dont j'ai parlé plus haut; — les *chaires tournantes* pivotant sur un axe, excellente invention pour faire face à plusieurs interlocuteurs à la fois sans se déranger [3]; — les *chaires* qui « *s'ouvroient* et se *fermoient* comme un gauffrier pris à rebours [4] » ou « *chaires à tenailles* [5] »; les Italiens disent *a forbici* et les Espagnols *de tijera*, c'est-à-dire *à ciseaux;* pour nous c'est le fauteuil à X, un meuble large, aisé, bien coupé et fort commode après tout. Mais les délicats ne s'en tenaient pas là; ils avaient imaginé les « *chaires brisées* qui s'allongeoient, s'eslargis-

---

1. Corrozet, *Blason de la Chaire*.
2. « Une grande chaize à double dossier avec huict escabeaux de camp. » *(Invent. de Catherine de Médicis*, Paris, Aubry, 1874.)
3. M. le baron Davillier en possède deux échantillons fort intéressants.
4. *Isle des Hermaphrodites*.
5. *Inventaire* de Louise de Lorraine. — *Chaire de bois à mollette, a foulding chair of wood* (Cotgrave).

soient, se baissoient et se haussoient par *ressorts*, ainsi qu'on vouloit[1] », tant il est vrai que rien n'est nouveau sous le soleil, pas même le fauteuil mécanique.

L'*escabeau*, le *tabouret*, la *chaize basse* et le *placet*[2] appartiennent à la catégorie de ces meubles bas, familiers, propres à la causerie. M. Viollet-le-Duc le remarque avec raison, ces différences de dimensions dans les siéges « contribuent à donner à la conversation un tour facile, imprévu, piquant, car rien n'est moins pittoresque qu'une réunion de personnes, hommes et femmes, assis sur des siéges de forme et de hauteur pareilles : il semble que la conversation prend quelque chose de l'uniformité des postures et l'esprit y perd de sa liberté[3]. » Le *carreau*[4] est encore plus bas que le *placet;* c'est un large coussin fixé sur un châssis sans pieds, le siége favori des femmes qui connaissaient l'art difficile de s'asseoir à l'orientale et n'étaient pas fâchées de montrer leur grâce, tout en faisant un bel étalage de toilette : « fins carreaux pour asseoir les femmes qui surviennent[5]. »

---

1. *Isle des Hermaphrodites*. — L'*Inventaire de Catherine de Médicis* mentionne sept *chaizes ou fauteuils qui se brisent*.

2. M. de Laborde, dans son *Glossaire*, dit que le *placet* date de la fin du xvie siècle seulement; c'est une erreur, puisque Corrozet le *blasonne* déjà en 1539.

3. *Dictionnaire du mobilier*, au mot *escabeau*.

4. Le carreau-meuble, car le *quarrel* ou *carreau* est aussi un coussin.

5. *Miroir des pecheurs*, de Jean du Castel. — « Les carreaux sur quoy séent les filles. » (Guill. Coquillart.)

La *scabelle* ne servait que pour « s'asseoir. à table quand on veult disner et souper[1] ». On admettait alors, comme on l'a toujours fait, que, pour manger commodément, il faut un autre siége que pour causer; sous Louis XIV même, on ne vendait pas une table sans sa garniture d'escabelles[2]. Nous sommes en train de changer tout cela, et bon nombre d'honnêtes gens font dîner aujourd'hui leurs convives, bon gré mal gré, dans des fauteuils, par amour du progrès.

La *selle* est le tabouret de pied, ce petit meuble cher à nos grand'mères et si commode. Les anciens, qui trouvaient plus hygiénique, plus propre et de meilleure grâce que le sol fût dallé en carreaux de terre colorée ou de faïence, sauf à le recouvrir de tapis mobiles, ne s'asseyaient jamais sans un tabouret sous les pieds, pour éviter le contact des carreaux; souvent même l'*estrier*[3] faisait partie du meuble. La hauteur des siéges et des tables, qui choque toujours au premier aspect, est donc plus apparente que réelle; le tabouret ou marchepied compense la différence.

Ainsi que je l'ai dit, la plupart de ces meubles

---

1. Corrozet, blason de la *Scabelle*. — « Çà, çà, dist Gargantua, une escabelle ici auprès de moi, à ce bout. » (Rabelais.)

2. Molière, dans l'inventaire de l'*Avare* : « Plus une grande table de bois de noyer, à douze colonnes ou piliers tournés, qui se tire par les deux bouts, et garnie par le dessous de ses escabelles.

3. « Une chaize brizée, garnye de son estrier et pozée sur un pivot. » *(Invent. de Catherine de Médicis.)*

nous sont inconnus; mais ce qui reste suffit pour montrer combien la fabrique de la Renaissance avait conservé les excellentes traditions du moyen âge. La forme est rationnelle, la construction toujours accusée. L'ouvrier, un esprit net et sensé, ne demande à la matière que ce qu'elle peut logiquement donner : les reliefs sont pris dans l'épaisseur normale de la planche, sans pièces rapportées; la coupe du bois est franche et sans aucun de ces tours de force qui laissent toujours une certaine inquiétude; l'esprit est rassuré tout d'abord, et ce sentiment de la solidité est bien quelque chose.

Mais, à vrai dire, le *confort* était moins dans le siége lui-même que dans le coussin. On ne saurait imaginer le nombre et la variété de ces petits oreillers : ronds ou carrés, plats ou bombés, allongés en traversins, arrondis en boule ou aplatis en forme de matelas et presque toujours garnis de plumes, *coustes, coussins, carrés, quarrels* ou *carreaux, coustepointes, orillers, banquiers, formiers*, il y en a de toutes les façons et le nom varie suivant la destination. Une corporation tout entière, celle des *coustiers*[1], ne fabriquait pas autre chose, sans compter ce que les châtelaines et les bourgeoises confectionnaient chez elles; j'ai relevé un millier

---

1. Les *coustiers* faisaient le coussin et le lit de plumes. Le nom de *coytiers* est resté dans certaines provinces, où l'on dit encore une *couette* pour un oreiller.

de *coussins* ou *carrez* de ce genre dans un seul inventaire du temps[1]. Le coussin remplit les coins, adoucit les angles, épouse les formes, donne le moelleux et le fondant nécessaires ; chacun le place, le déplace comme il l'entend, et dispose son *confort* à sa guise, suivant la posture du moment. L'entretien est des plus simples et, l'étoffe une fois usée, on la remplace sans être obligé de déménager périodiquement tout son mobilier. Cette combinaison ingénieuse laisse à l'ouvrier qui taille le bois toute sa liberté ; il peut l'enrichir à son goût et faire œuvre d'art, le coussin se chargera du reste.

Le coussin mobile et indépendant disparaît à la fin du xvi siècle[2], pour faire place au coussin adhérent, à la garniture fixe, une des innovations les moins heureuses de la tapisserie. Sans doute, notre siècle a la gloire d'avoir inventé le *ressort élastique pour meubles à double spirale métallique,* tandis que la Renaissance se contentait du coussin de plumes ; mais, si les siéges de nos aïeux nous semblent bien durs et bien osseux, n'oublions pas que nous voyons le squelette seulement, la garniture a disparu. Quand on avait habillé le meuble, fixé, par des agrafes de passementerie, la *couvercture* et les manchettes ouatées, installé les

---

1. *Inv. de Catherine de Médicis,* page 104.
2. La corporation des *coustiers* disparaît elle-même en 1620, absorbée par le corps des *tapissiers* qui commencent déjà leur invasion.

coussins sur le siége et contre le dossier, les *muguets* et les *muguettes,* pour ne pas être aussi languissants et penchés que les nôtres, s'en accommodaient à merveille; demandez plutôt à ce « gallant par grand gloire couché[1] » sur une chaire garnie de ses *carreaux* « de fin velours, de drap d'or ou broché »; demandez à cette belle nonchalante, étendue « en sa chaire une après-disnée, moitié en guerre, moitié en marchandise, c'est-à-dire demi-renversée, les pieds assez hauts sur deux tabourets[2] » qu'elle a rapprochés pour prolonger le siége et former une chaise longue; la plus délicate de nos Parisiennes ne s'y prendrait pas mieux. Mais je ne veux rien comparer, nous avons notre *confort* à nous, à notre taille, cela est certain; il est plus répandu qu'autrefois, j'en suis convaincu; accordez-moi que la Renaissance avait aussi le sien, parfaitement raisonné à son point de vue, je n'en demande pas davantage.

Maintenant que nous connaissons le siége, regardons un peu le logis, ce que l'on appelle les *salles fumeuses, sombres et glaciales des anciens.* Sérieusement, croyez-vous que des gens qui orientaient avec tant de soin chaque pièce de leur maison, et jusqu'à leur lit[3], fussent tellement étran-

---

1. *Controverses des sexes masculin et fœminin,* Paris, 1540.
2. *Contes d'Eutrapel,* 1547.
3. « Quant en quelque chambre voulez adouber lit ou couche à dormir, mettez le dossal vers le midy, affin que... » *(Evangile des quenoilles.)*

gers au bien-être? qu'ils fussent amoureux des rhumes et des courants d'air, ceux qui enveloppaient leurs chambres de tapisseries tombant en plis sur le plancher et recouvrant les portes mêmes[1]? Ne trouvez-vous pas qu'elles avaient du bon ces grandes cheminées qui vous chauffent des pieds à la tête et ne marchandent pas la place? Pas un atome de la flamme n'était perdu, et elles ne fumaient pas plus que les nôtres; j'en appelle aux habitués du musée de Cluny pendant l'hiver; le tirage de ses vieilles cheminées n'est-il pas irréprochable[2]?

Je conviens que nos appartements, que dis-je! nos compartiments ont leur prix : ils sont criblés de portes, le cube d'air indispensable par tête est calculé avec une précision qui fait honneur à l'architecte, et les croisées à niveau du sol permettent de voir tout ce qui se passe dans la rue, tandis que la rue voit tout ce qui se passe dans la chambre. Il n'en va pas de même autrefois : la *salle* est élevée, spacieuse; les ouvertures sont ménagées sobrement, et les fenêtres, montées sur des *alléges,* tamisent par en haut, à tra-

---

1. Quant à orner les portes, dit Philibert de l'Orme (livre VIII), « cela n'est qu'argent perdu et lesdicts ornemens ne se voient à cause de la tapisserie qui est *tousjours* devant une porte ».

2. Il serait facile de multiplier les exemples du confortable intérieur au XVIe siècle. Ainsi on avait double garniture pour les murs : des tapisseries en hiver, des tentures de cuir en été, et même double logement, c'est-à-dire la salle *basse* pour l'été et la salle *haute* pour l'hiver.

vers les vitraux de couleur, un jour intime, amenuisé, discret, un jour d'atelier; on sent que la famille vit là chez elle et pour elle, loin du bruit et des indiscrétions du dehors. Ces vieux logis avaient encore cet avantage de se prêter sans effort à un arrangement pittoresque. Notre siècle, tiré au cordeau, dédaigne un peu trop cette disposition piquante des choses et des couleurs qui donne la vie, la gaieté, même aux murs et aux meubles; connaissez-vous rien de plus mélancolique à regarder que certains salons de Paris? Chez les anciens, rien de pareil, et cela se conçoit : le jour atténué de la salle exigeait des meubles vivement sculptés, des profils accentués, des étoffes de couleur franche, des cuirs dorés, tout ce qui accroche la lumière et produit ces accidents de clair-obscur, ces effets imprévus qui sont le régal de l'artiste. Du moment que le jour est entré violemment dans des pièces éclairées du haut en bas, le meuble sculpté disparaît, — il n'a plus sa raison d'être, — les saillies générales diminuent, les étoffes se décolorent; lancé sur cette pente, l'ouvrier finira tôt ou tard par pousser à l'extrême la perfection du détail, de l'imperceptible; il semble que l'art se rapetisse à mesure que la fenêtre s'agrandit.

Mais voulez-vous voir de plus près quelques-uns de ces intérieurs du temps passé? Suivez-moi sans façon dans la chambre à coucher d'une « des plus braves (élégantes) et belles dames qui soient en la ville¹ » ; elle dort. « Toute la pièce est tendue de toile blanche merveilleusement brodée de blanc sur blanc, le pavement et le dessus (le plafond) de mesme. » La garniture du lit, ciel, rideaux, courte-pointe et le reste, est « de toile fort delyée, tant bien ouvrée de blanc qu'il n'est possible de plus, et la dame seule dedans, avec son scofion (bonnet) et sa chemise toute couverte de perles et de pierreries ». Si je ne me trompe, l'arrangement est original et d'une suprême élégance. Au chevet du lit, le « manteau (peignoir) de nuit » ; sur la toilette, les fines touailles (essuie-mains), le miroir et « l'estuy de chambre (nécessaire) avec les pignes d'ébène, de blanc yvoire, de bouys, à grosses et menues dentz pour galonner les beaulx cheveux, les ciseaulx, le poinson, la brosse, le cure-dent, le cure-aureille, la scie, la lime, la pinsette, le ratissoir avec plusieurs aultres choses² ». Les coffres, marquetés « de nacre et peints d'azur et d'or, sentent plus souef que basme (baume) », car « les Parisiennes, passées maîtresses en élégances, *magistræ policiarum*, font venir tout exprès des roses de Provins et les renferment dans des sachets, afin de parfumer leurs écrins et leurs coffres à linge³ ».

Si vous trouvez ces recherches bien mondaines, nous pouvons entrer dans la maison du

---

1. *Heptaméron*, Nouv. XIV.
2. Corrozet, *blason de l'estuy de chambre*.
3. Chasseneuz, *Catalogus gloriæ mundi*, 1520, p. 322.

père de famille, chez un « honneste » bourgeois de Paris[1]. Voici la *salle* « où le vent n'entre jamais ès froids hyvers », grâce aux nattes qui garnissent les murs « en toute place »; des « tapisseries d'armes, de chasses et d'amour » recouvrent les nattes ; « pour faire un doulx marcher, le plancher est embrissé », ce qui passait alors pour une nouveauté. On devine que le maître du logis aime ses aises; c'est aussi un homme de goût : il possède des « tableaux tant bien faictz, tant riches, tant beaulx » et un mobilier assorti » en bois de ciprès et de noyer » où « le menuisier a monstré son gentil sçavoir »; tout cela entretenu avec un soin extrême, « clair, reluysant, bruni et frotté tous les jours en si grand'peine,

Que les gens en sont hors d'haleine... »

Le « dressouër en la salle bien apparent » est le « tabernacle où sont les beaulx joyaulx et bagues, comme chaînes, boutons, anneaulx, estuiz et coffretz remplis de thrésors ». Quant au lit, « le parement de la chambre, encourtiné de soye, et ouvré d'images et marqueterie », il est « délicat, doulx et mollet, fait de duvet très-douillet et de plume tant bonne et fine »; son « blanc coustil incite le dormir »; les draps « sentent la rose et la

---

1. Gilles Corrozet, *blason* de la *sasle* ou *chambre* et *blasons* suivants.

lavende » et « le chevet est si doulx qu'il semble que ce soit veloux ». Assurément voilà des habitudes de bien-être matériel fort avancées, un luxe solide, une vie large, aisée, en un mot le *confort* bien compris et bien pratiqué.

Mais peut-être serez-vous curieux de visiter le logis du paysan, du vilain, qu'on nous représente si misérable, si malpropre, à demi sauvage ? Justement voici Noël du Fail, un des meilleurs conteurs de son temps et le peintre par excellence des paysans. Il nous mènera non pas chez un laboureur aisé, mais au fond de la Bretagne, chez un pauvre homme qui a construit de ses mains sa bicoque « de dix-sept pieds en carré et de vingt-huit en large et non plus, à raison que le villageois disoit le nid être assez grand pour l'oiseau... Écoutez donc comme le vilain étoit logé... A l'entrée, en lieu d'escalier, étoit le billot de bois plus bas que le seuil de l'huis afin que, sans se malaiser, on entrât facilement. Entré, voyez justement près l'huis une cheville à laquelle pendoient d'ordre (en ordre) colliers, aiguillons, fouet, etc... et ce à main gauche ; de l'autre, vous détournant, comme si quelqu'un vous frappoit sur l'épaule, voyez tant en juste ordre que l'un ne passoit l'autre, faucilles, serpes, fourches, etc... De là en avant poussant outre... trouveriez une table de bonne étoffe, sans mignarderie, sans ouvrage que plain, sur le bout de laquelle la touaille ou nappe, ce m'est tout un, étoit encore du reste du diner, comme voulant inviter et semondre l'étranger ou le las se récréer et solatier avec elle; et ce qui étoit dedans c'étoit le bon pain frais et quelque lopin de lard restant du dîner... Tirant vers le foyer, étoit un coffre, auquel étoient en élégante disposition les hardes du bourgeois champêtre, comme chapeau, gibecière, sa ceinture bigarrée, et le demi-ceint de sa femme, entremelées d'odorante marjolaine... Je laisse les selles et chaises de bois, tortues de nature mais les pièces bien rapportées; baste, le lit du bonhomme étoit joignant le foyer, clos et fermé de même et assez haut enlevé[1]... »

Tout cela ne va pas trop mal, comme dirait Montaigne; mais quoi! ces gens sont morts depuis trois siècles.

1. Noël du Fail, *Baliverneries* (1548).

SUBURBANUM

E jardin était coupé à l'ancienne mode, comme le reste; le clos petit, mais commode et à la main. Au nord, une allée de marronniers sur deux files, droite, fraîche, ombreuse et faite à point pour l'été. Au midi, un promenoir découvert, en forme de treille, se chauffait au soleil du matin au soir : c'était la galerie d'hiver. Entre les deux et en contre-bas, le parterre étendait son tapis à carreaux symétriques, encadrés de buis, de marjolaine et de muguet. Les poiriers, les cerisiers, les abricotiers dressaient leur tige au milieu des corbeilles de roses, et les cordons de pommiers nains couraient le long des clôtures en treillage. Çà et là des vases pleins de fleurs, des fragments de marbres anciens perdus parmi le lierre, le chèvrefeuille et la vigne vierge. Au centre, une sta-

tuette gothique, debout sur une fine colonnette de pierre.

La treille, façonnée en charpente, était peinte à la manière du xvie siècle et descendait au parterre par un portique formé de deux cariatides, Flore et Hygie. Les vignes de Fontainebleau et du Midi, grimpant le long des piliers, s'enroulaient autour des chevrons et balançaient sur nos têtes leurs grappes blondes et brunes. Il en prit une, et me l'offrant : « Goûtez donc, s'il vous plaît, à ma treille ; savez-vous que, dans deux ans, je pourrai récolter une vraie pièce de vin ?

— Vous me rappelez, lui dis-je, ce personnage qui logeait au Palatin, le Passy des anciens :

Et rus in urbe est vinitorque Romanus,

vous avez la campagne en ville et un vigneron... parisien.

— Que voulez-vous, reprit l'autre, je n'ai pas appris l'art d'habiter un appartement. Il faut un véritable talent, un talent d'emballeur, pour faire tenir femme, enfants, livres et curiosités dans un tiroir de ce grand meuble parisien qui s'appelle une maison de produit. Quant à loger un jardin sur sa fenêtre, n'y réussit pas qui veut. Le bonhomme du Palatin, dont vous parliez tout à l'heure, aimait, je pense, l'air, l'espace, le repos et l'ombre ; quelque philosophe sans doute, peut-être un collectionneur. Car tous ces amateurs de l'ancienne Rome se gardaient bien d'habiter au centre de la ville. Ils avaient un *suburbanum*, sur l'une des sept collines, à quelques minutes du Forum et des affaires, près de la ville et loin du tapage. Salluste et Lucullus logeaient au Pincio, Atticus au Quirinal, Pollion sur l'Aventin, Cicéron au Palatin, comme Hortensius, Scaurus, Crassus, Sylla, la fine fleur de la curiosité romaine. César, que Suétone appelle un *acheteur impétueux de pierres gravées, d'orfévrerie, de statues et de pierres antiques*, César bâtit sur la pente du Janicule ses jardins fameux qui descendaient jusqu'au Tibre. Naturellement, les petits officiers et les fournisseurs, enrichis comme leurs chefs des dépouilles de la Grèce et de l'Asie, s'installaient dans le voisinage. Bientôt chacun voulut avoir un *suburbanum*, un *jardin* dans les faubourgs; si bien que l'une des collines de Rome s'appelait *collis hortulorum*. »

Et comme je lui faisais remarquer que les *casins* et les *villas* modernes ont succédé aux *vignes* de la Renaissance, et celles-ci aux *jardins* de l'antiquité :

« Bien mieux, reprit-il; ces alluvions de palais s'accumulent par couches les unes sur les autres. Rospigliosi bâtit sur Mazarin, Mazarin sur Scipion Borghèse, Borghèse sur Constantin, et celui-là sur tous ses prédécesseurs. La Farnésine occupe les jardins de Géta, qui remplacent peut-être ceux de César; Ludovisi plante sa *villa* sur les jardins de Salluste, et Farnèse s'installe au Palatin même où, depuis les grands seigneurs de la République jusqu'aux Flaviens, chaque génération élève un nouvel étage de monuments sur une nouvelle couche de ruines. Heureuses gens! pour meubler leur *villa* et monter leur collection, il leur suffit de fouiller sur place ce sol fait de marbres, de colonnes et de mosaïques.

— En effet, lui dis-je, le *suburbanum* romain est un petit musée en plein air.

— Et un musée public. Jadis comme aujourd'hui, la *villa* romaine est ouverte aux promeneurs et aux touristes. On visite librement les galeries, les viviers, les volières; on se repose au frais, près des cascades, à l'ombre des chênes-liéges ou sous les charmilles de lauriers-roses. Vous rappelez-vous la *vigne* ou *villa* de Jules III? Vous la voyez d'ici, à droite, en sortant par la Porte du Peuple; tous les peintres vous en diront le chemin. C'était une des merveilles de Rome : Vignole avait dessiné les bâtiments, l'Ammanato s'était chargé de la fontaine, Taddeo Zuccari des fresques, et Michel-Ange avait dit son mot sur le tout. La collection d'antiques était considérable et d'une grande beauté. Soit dit en passant, le Louvre en possède un excellent échantillon de travail grec : *Vénus et l'Amour essayant les armes de Mars.*

— Dites, s'il vous plaît, *Aphroditè et Éros essayant les armes d'Arès*; cela a meilleur air.

— Je n'y manquerai pas. Je vous recommande ce joli groupe; il est placé dans la salle latérale des Antiques, non loin de la *Vénus,* pardon! de l'*Aphro-*

dità de Milo. Il nous vient en droite ligne des Borghèse qui le tenaient de Tiberio Cevoli, et celui-ci des héritiers de Jules III.

« La vigne *del papa Giulio,* comme on l'appelle encore, était donc un de ces musées publics dont je viens de parler, et Gabriel Symeoni, qui la visita en 1557, rapporte tout au long le règlement affiché à l'entrée pour prévenir les indiscrétions des visiteurs. L'inscription n'est pas un modèle de bon goût, bien que Symeoni la mette de pair avec « les plus belles mémoires de l'antiquité ». Mais la pièce est curieuse, elle nous fera visiter en quelques lignes une des *villas* suburbaines de Rome au XVIe siècle et je veux vous la dire; je ne réponds pas de traduire en français intelligible les pointes et les jeux de mots de l'original :

AU NOM DE DIEU ET DES MAITRES DU LOGIS. Cette villa suburbaine (*suburbanum*), la plus belle promenade sinon du monde (*orbis*) au moins de Rome (*urbis*), est avant tout un lieu de récréation pour les honnêtes gens. Toute personne honnête peut donc s'y récréer honnêtement. Mais, de peur que l'on ne devienne ingrat gratis, chacun se conformera rigoureusement aux prescriptions suivantes :

Il est permis de se promener partout et de se reposer ou l'on veut, dans la limite de l'enclos et jusqu'au sommeil exclusivement; de passer tout en revue pourvu que l'on ne touche à rien.

Si l'on désire des fleurs, des branches, des fruits ou des légumes, s'adresser au régisseur qui les fournira suivant le prix, la saison, l'abondance ou la rareté.

Défense de souiller cette eau, elle est vierge (*aqua virgo*). Si l'on a soif, prendre l'eau des tuyaux et non celle des cascades ; se servir de tasses, sans boire à même ou avec la main.

On peut se divertir au jeu des poissons, se laisser charmer au chant des oiseaux, sans les déranger. Il est permis de regarder tant que l'on veut les statues, bustes, marbres, peintures et toutes les autres merveilles de l'art, pourvu que la stupeur n'aille pas trop loin.

Si cependant, parmi ces raretés que l'on ne peut assez admirer, quelqu'un trouve à redire, il fera mieux de passer son chemin et de se taire avec raison que de critiquer sans raison.

La visite achevée, on ira dans la chapelle voisine rendre grâces à Dieu et à saint André, leur demander longue vie pour Jules III souverain Pontife, pour Baudouin son frère et toute leur famille. On priera que leur villa s'embellisse de jour en jour et qu'elle croisse à jamais en splendeur, en étendue et en prospérité.

Cela fait, que chacun se porte bien et se retire en paix.

« Riez, tant qu'il vous plaira, de ces mauvaises plaisanteries à l'italienne ; pour moi, je ne sais rien de plus mélancolique. Aujourd'hui, les jardins pleins de fleurs et d'ombre sont abandonnés, les belles antiques qui montaient la garde le long des avenues de lauriers-roses ont disparu, les cascades sont détruites, les bâtiments déserts; la fièvre des marais hante la vigne *del papa Giulio* et, de ces maîtres auxquels on souhaitait jadis bonne santé et longue vie, le premier, Jules III, est mort après un court pontificat de cinq années ; le dernier vient de mourir à son tour, victime de la *mal'aria*, laissant sa jeunesse et sa gloire inachevées ; c'était Fortuny. Voilà, mon ami, de quoi philosopher sur le peu que nous sommes !...

« Mais revenons à nos faubourgs. Le *subur-*

banum n'est pas une spécialité italienne, comme vous le pensez bien. Jadis, quand le Parisien était amateur de jardins, la ville était entourée d'une ceinture d'hôtels et de maisons, de *courtils* et de *préaux* dominant la campagne. Les Tuileries et le Luxembourg, pour ne citer que les plus célèbres, sont des échantillons de ce qu'on appelait une *maison lès Paris*. Sous Louis XIV, quand Paris déborde et crève sa première ceinture, la mode envahit les nouveaux quartiers Vivien et Richelieu; on se rapproche du rempart, prêt à l'enjamber à la première occasion pour se jeter en pleine campagne. En 1704, Crozat, logé à l'extrémité de la rue Richelieu, fait percer un passage sous le boulevard pour mettre ses jardins en communication avec Montmartre. Quelques années plus tard, le rempart est franchi; la finance occupe la Grange-Batelière d'abord, puis les Champs-Élysées, à la suite de Mme de Pompadour. Et le courant continuant sa marche vers l'ouest, on escalade les hauteurs du Roule et de Passy; on va visiter le « jardin anglois de Monceaux », la Chartreuse de M. de Beaujon, les jardins de la princesse de Lamballe à Passy, de Sainte-Foix et de Saint-James à Neuilly, de Mme de Boufflers à Auteuil, et on finit la promenade par Bagatelle, que le duc de Chartres achève à peine de construire en plein Bois de Boulogne.

« Dans cette invasion des quartiers excentriques, quels sont, je vous prie, les premiers occupants? Crozat, la Pompadour, Marigny, la Live de Jully, Bouret, Choiseul, Beaujon, la Borde, la Reynière, Daugny, c'est-à-dire les plus beaux noms de la curiosité parisienne. Ces grands collectionneurs du dernier siècle savaient bien que, pour faire valoir une galerie, il faut l'installer à l'aise, dans un local fait exprès, avec un jour spécial, et l'encadrer de fleurs et de verdure.

« Aujourd'hui l'émigration du centre à la circonférence continue, mais lentement. Le Parisien tient avec passion à son appartement, c'est une vieille habitude. « Les Parisiens sont si petitement logés, disait Sterne, qu'ils n'ont pas la place de faire de gros enfants. » John Evelyn, qui visita la France en 1652, observe que « les maisons de Paris abritent d'ordinaire six à dix familles entre le ciel et l'enfer, du grenier à la cave »; et le voyageur anglais, frappé de ce phénomène de cohabitation unique en Europe, lui attribue la malpropreté proverbiale des Français à cette époque. Ce n'est pas moi qui le fais parler.

— Avouez, dis-je à mon tour, qu'Evelyn trouverait les choses bien changées aujourd'hui.

— Sans doute. La maison de produit est généralement bien tenue; il y a des *ascenseurs* et du *gaz à tous les étages*. Le procédé d'habitation par empilage et par couches a été singulièrement perfectionné. On arrive à se procurer chez soi le même confort que dans les cabines d'un transatlantique; c'est un progrès.

« Mais, croyez-moi, pour habiter loin du centre, il faut aimer les jardins, et malheureusement ce goût traditionnel de nos pères disparaît de jour en jour. Le XVIIIe siècle lui a porté un coup terrible en substituant aux vieilles théories françaises un régime banal, uniforme et pour ainsi dire hiératique. Du moment que le jardinage n'est plus un art, mais une formule, il perd cet attrait, cette *délectation* dont parle Palissy, *la plus grande qu'il ait trouvée en ce monde.* »

A ce coup je me récriai : « Vous n'y pensez pas, mon ami ! Le jardin français a fait son temps ; le génie de Le Nôtre pouvait seul faire accepter cette géométrie à outrance et le système était destiné à disparaître avec son auteur. Au surplus, la question est épuisée ; on a écrit des centaines de volumes sur la matière et j'aime à croire que vous n'avez pas une nouvelle théorie en portefeuille.

— A quoi bon ? dit-il. L'art des jardins est celui qui échappe le plus à une réglementation esthétique : il en est de l'arrangement des jardins comme de la coiffure et de la toilette. Quand vous aurez appris aux femmes que le talent de s'habiller et de se coiffer dépend de la taille et de la physionomie, vous aurez dit à peu près tout ce qu'on en sait ; elles se chargeront bien toutes seules de corriger ou de dissimuler, de faire valoir ou d'ajouter, au besoin de créer de toutes pièces. De même vous pouvez dire : telle maison, tel jardin ; le reste est affaire de goût, d'inspiration, de ce je ne sais quoi qui ne s'apprend point dans les livres.

— La belle découverte! fis-je en riant. Convenez qu'elle n'est pas faite pour tirer d'embarras les gens indécis sur l'arrangement de leur jardin.

— Pardon; le jardin est un salon à ciel ouvert; il continue le bâtiment comme le vestibule la maison, le cadre le tableau; il participe forcément de sa physionomie. Or le bâtiment étant un composé de droites, soumis aux lois rigides de la construction, le terrain *qui l'environne immédiatement* doit continuer ses lignes géométriques. Au delà, que la nature reprenne graduellement ses droits; ainsi l'œil passera de la roideur des constructions aux terrasses et aux compartiments réguliers du parterre, du parterre au parc percé seulement de quelques avenues, et du parc à l'indépendance de la pleine campagne.

« Mais laissons là les parcs et les châteaux; je veux seulement parler des petits jardins que comporte une habitation parisienne. Plus le terrain est exigu, plus il fait corps avec la maison et plus il doit être géométrique. Cette régularité se modifiera d'ailleurs suivant le bâtiment; absolue aux approches d'une construction franchement architecturale, elle sera moins exigeante s'il s'agit d'accompagner un chalet, un bâtiment de fantaisie, dont la structure rectiligne est masquée par un rideau de lierre et de plantes grimpantes.

« Voilà toute la théorie des jardins et, depuis

l'antiquité jusqu'au xviiie siècle, on n'a pas fait autre chose. Le *courtil* du moyen âge est sévère et droit comme les grands murs de l'abbaye et du château fort qui l'enveloppent ; il épouse le rectangle du cloître ou la silhouette brisée du bastion. Le jardin du xvie siècle est plus dégagé ; la Renaissance lui prête sa jeunesse et son allure. Elle brode le parterre comme la maison, elle n'est pas difficile en matière de symétrie et s'arrange à merveille des caprices de la végétation. Le siècle de Louis XIV y met plus de façons ; il veut un cadre pour les architectures de Mansart et les décorations de Lebrun. Le jardin de Le Nôtre sera donc majestueux et collet-monté comme une grande dame de la cour ; il ne souffrira pas un pli dans la belle ordonnance de sa toilette.

« En somme, partout et toujours le jardin dérive de la maison, la statue détermine le piédestal, comme il convient.

« Le xviiie siècle faisait donc fausse route quand il considérait le jardin *isolément,* au lieu de le traiter à la manière ancienne, comme *la partie d'un ensemble décoratif.* Mais les philosophes se moquaient bien des vieux principes. « Imitez la na- « ture », s'écriaient-ils, et les âmes sensibles faisaient chorus, et l'on se jetait à corps perdu dans les idées nouvelles, passant tour à tour de l'Angleterre à la Chine, fabriquant des paysages de poche, des effets champêtres en miniature, des incendies factices, des fausses ruines entourées d'arbres morts plantés à point, des faux moulins avec un meunier en terre cuite, et l'inévitable île des Tombeaux !

« Aujourd'hui on est revenu de tout cela. On ne consulte plus ni l'architecte, ni les Anglais, ni les Chinois, ni les philosophes, ni les âmes tendres ; on laisse faire le jardinier. Notre siècle aime les formules simples, élémentaires ; il a découvert dans le jardin même le prototype, le *canon* de l'art : c'est le haricot. Regardez le plan de tous les jardins modernes, du petit au grand : chaque pelouse, chaque plate-bande, séparée par des allées sinueuses, affecte la forme d'un haricot plus ou moins allongé, plus ou moins contourné. Pour se rapprocher davantage du modèle, on a imaginé le *vallonnement* qui reproduit à s'y méprendre les renflements extérieurs du légume symbolique. Placez maintenant sur chaque mamelon extrême, ici un massif d'arbres, là un pâté de fleurs, et je vous garantis une réussite. Surtout ne ménagez pas les plantes exotiques.

— Permettez, lui dis-je, vous les admettez bien chez vous.

— Cela dépend ; si elles sont acclimatées, si elles ont bonne mine, rien de mieux. Quant à ces étrangères frileuses, rachitiques et sans parfum, qui viennent passer l'été en France et qu'il faut emmailloter ou rentrer aux premiers froids, je laisse à d'autres le luxe de les entretenir et la patience d'apprendre leurs noms barbares. A mon gré, la meilleure ne vaut pas nos jolies filles du pays, saines et bien portantes, qui sentent bon, supportent bravement l'hiver en plein air, et dont chacun sait par cœur les noms pleins de poésie.

« Réduit à un formulaire banal, l'art des jardins devait décliner rapidement. Une fois le mot d'ordre adopté, on s'est dispensé de l'architecte. Or celui-ci, qui a déjà retranché de son programme une foule d'attributions pour les laisser aux entrepreneurs, s'est empressé de profiter de l'occasion : il a rayé le jardinage de sa liste et, personne ne se donnant plus la peine d'apprendre la question, voilà comment une de nos gloires nationales est tombée entre les mains du jardinier du coin.

« Je veux croire qu'il existe encore des *jardinistes* ou *artistes jardiniers ;* en vérité, on ne sait même plus quel nom leur donner. Le dernier est mort sans avoir le temps d'achever son chef-d'œuvre, le Bois de Boulogne. Il a dû laisser des héritiers, et les grands seigneurs qui veulent faire dessiner un parc savent apparemment à qui s'adresser ; mais les petites gens, comme vous et moi, sont tenus de s'accommoder eux-mêmes. C'est ce que j'ai fait, et je vous conseille d'en faire autant le jour où vous quitterez la ville pour venir habiter nos faubourgs.

— Vous en parlez à votre aise, lui dis-je ; je ne suis pas encore converti.

— Laissez donc, vous y viendrez à votre tour.

Un beau matin, dégoûté de cette promiscuité banale des appartements parisiens, fatigué de n'être qu'un numéro dans une auberge de rencontre, vous serez pris de la passion d'avoir enfin une maison qui soit à vous seul, qui garde quelque chose de votre physionomie et de votre âme, un jardin dessiné par vous, planté de vos mains et grandissant avec ceux que vous aimez, l'héritage, le *sweet home* de vos enfants... Ce jour-là vous comprendrez Paris autrement. Vous ne l'aimerez pas moins, mais vous direz de lui, comme un ancien de sa maîtresse : « Difficile et facile, charmante et insupportable, « je ne puis vivre avec toi, ni sans toi. » Pour tout concilier, vous logerez à sa porte, pas trop près, et surtout pas trop loin. »

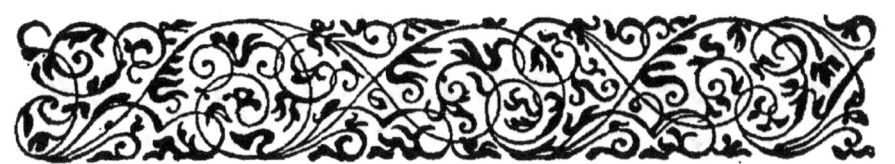

DIALOGUE DES MORTS

DUCERCEAU — DUMANET

UCERCEAU. — Bonjour, confrère ; vous voici donc des nôtres?

Dumanet. — Pardon, monsieur, je n'ai pas l'honneur de vous connaître. Je suis Dumanet, architecte. Je construis des maisons de produit, douze cents francs le mètre, pour vous servir.

Ducerceau. — Et moi, je m'appelle Androuet-Ducerceau. J'ai aussi fait de mon temps quelques ouvrages d'architecture qui ont été remarqués ; je les ai même gravés.

Dumanet. — En vérité! je n'en ai jamais ouï parler. Douze cents francs les cinq étages, caves et combles compris. J'en ai fait cent cinquante du même modèle. Au premier, salon blanc et or, salle à manger cuir, quatre chambres à coucher...

Ducerceau. — Cent cinquante maisons! Tudieu! les dessins seuls ont dû vous prendre bien du temps.

Dumanet. — Cela regarde nos dessinateurs; nous sommes architectes. Au second, salon blanc et or, salle à manger cuir, quatre chambres...

Ducerceau. — Cent cinquante maisons! Mais la taille des pierres, la charpente! vous étiez bien obligé d'en tracer les épures?

Dumanet. — Vous vous moquez! Les appareilleurs et les charpentiers ne sont-ils pas là? Voulez-vous pas aussi que je sois maçon? Au troisième, salon blanc et or, salle à manger...

Ducerceau. — Je devine le reste. Vous avez dû bâtir aussi quelque monument d'importance?

Dumanet. — Sans doute. Une prison superbe, en briques et bois découpé. Si vous voyiez cela, un vrai cottage anglais; M^r le préfet m'a félicité. J'ai aussi une caserne très-originale qui ressemble à une église, et une église qui ressemble à une gare de chemin de fer; c'est tout à fait nouveau.

Ducerceau. — Et quelque palais de grand goût probablement?

Dumanet. — J'ai fait pour un prince égyptien un petit hôtel aux Champs-Élysées, un bijou gréco-mexicain. Salon avec colonnes de fonte imitant la pierre, salle à manger en carton-cuir; c'est merveilleux, on dirait du bois. Et quelle économie! mais le prince n'est pas regardant, il voulait faire bien les choses. L'escalier seul a coûté la bagatelle d'un demi-million ; tout en marbre factice avec une rampe en fonte dorée, genre bambou, une trouvaille. Au premier, les écuries ; la salle à manger en sous-sol...

Ducerceau. — Comment?

Dumanet. — Oui, c'est plus commode pour le service. Un ascenseur fait monter les chevaux et descendre les maîtres. Vous comprenez quel avantage ; on est tout porté pour le grenier à fourrage et les cuisines. Nous sommes gens pratiques, monsieur. Aussi, plus de ces profils extravagants, plus de saillies et de reliefs inutiles, — des nids à poussière, bons tout au plus pour loger les hirondelles. — La maison moderne doit être carrée, un cube, une boîte à thé ; voilà le progrès. Qu'est-ce qu'une maison? un problème commercial à résoudre, pas autre chose ; étant donné un terrain, calculer le minimum d'air et de surface indispensable pour assurer le maximum de locataires. Plus de souches de cheminées! cela gâte la toiture ; un seul tuyau central où aboutissent tous les autres. Le maçon crie bien un peu pour la solidité et les aplombs, et le propriétaire pour la distribution ; mais on se rattrape sur les coins, les pans coupés : cela donne des placards. Il faut être pratique.

Ducerceau. — Sans doute, sans doute. Nous

aussi, nous étions pratiques, et l'art n'y perdait rien.

Dumanet. — Que me contez-vous là? Il ne s'agit pas de faire de l'art, mais des affaires. Il faut être de son siècle.

Ducerceau. — Allons! simili-pierre, simili-bois, simili-marbre; il ne manquait plus à la collection que le simili-architecte. Ils l'ont trouvé.

LES GUENONS

I.

N jour César voyant des seigneurs étrangers qui tenaient entre leurs bras de petites guenons et les caressaient merveilleusement, leur demanda si les femmes, en leur pays, ne faisaient pas d'enfants. Sur quoi, un ancien moraliste gourmande les hommes qui s'occupent des arts avec passion « au lieu de repaître et de nourrir leur entendement dans la contemplation de la vertu. « Car, dit-il, si l'ouvrage délecte, il ne s'ensuit pas nécessairement que l'ouvrier soit à louer ; au contraire, l'artiste produit en témoignage contre soi-même le labeur qu'il a employé en choses inutiles, pour prouver qu'il a été paresseux à apprendre les honnêtes et utiles. Et n'y eût jamais jeune homme de

bon cœur et de gentille nature qui, en regardant l'image de Jupiter, laquelle est en la ville d'Olympie, souhaitât devenir Phidias, ni Polyclète en regardant celle de Junon qui est en Argos. »

Qui parle ainsi, je vous prie? un Teuton, un barbare? nullement; c'est un Grec, presque un sage, c'est Plutarque dans la préface de la *Vie de Périclès*.

Mais peut-être prenez-vous le langage de Plutarque pour un accès de mauvaise humeur, une boutade isolée. Écoutez donc la parole de Lucien racontant à son auditoire une vision de sa jeunesse.

Deux femmes lui étaient apparues et cherchaient à l'entraîner chacune de son côté. La première avait l'air d'un artisan, le langage grossier, les cheveux en désordre, les mains calleuses, la robe retroussée et couverte de poussière : c'était la Sculpture; l'autre, richement parée et d'une physionomie avenante, s'exprimait avec élégance : « Mon fils, disait-elle, je suis la Science. Si tu suis l'autre femme, tu ne seras qu'un manœuvre te fatiguant le corps, voué à l'obscurité, l'esprit flétri, incapable de faire envie à tes concitoyens; quand tu deviendrais un Phidias, un Polyclète, quand tu ferais mille chefs-d'œuvre, c'est ton art que chacun louera; parmi ceux qui les verront, il n'y en a pas un seul, s'il a le sens commun, qui désire te ressembler, car, si habile que tu sois, tu passeras toujours pour un vil ouvrier, vivant du travail de tes mains. Courbé vers le sol, sans jamais relever la tête, sans penser à rien de mâle et de libre, tu ne songeras qu'à bien façonner, à bien polir tes ouvrages, mais nullement à te polir, à te façonner toi-même, et tu te mettras au-dessous des pierres[1]. »

Le dernier trait est cruel, et Lucien ne pouvait manquer de laisser *la laide ouvrière,* pour se jeter dans les bras d'une personne aussi persuasive.

A la rigueur, Plutarque a une excuse : il appartient à une vieille famille de Chéronée, imbue des préjugés aristocratiques de la race béotienne. Lucien est un autre homme. Petit-fils et neveu de sculpteurs, il entra de bonne heure dans l'atelier de son oncle qui le traita rudement; si bien que le jeune apprenti renonça pour toujours au métier et lui garda rancune. Malgré ces mauvais souvenirs, Lucien ne peut oublier son origine, c'est un artiste ; s'il parle d'une œuvre de Zeuxis ou d'Apelle, d'Alcamène ou de Phidias, il le fait avec à-propos, en homme du métier. Mais quoi! le connaisseur a beau se passionner pour l'œuvre, le philosophe méprise l'ouvrier.

N'en déplaise à nos deux moralistes, leurs prédécesseurs pensaient autrement. Aristote et l'ancienne école plaçaient la peinture et la sculpture au premier rang des arts libéraux[2], et trouvaient

---

1. Lucien, *le Songe,* Discours de la Science.
2. Pline, XXXV, 10. — Sénèque, *lett.* 88.

bon que l'artiste reconnu le plus habile reçût des honneurs exceptionnels[1]. Le dessin faisait partie obligatoire de l'éducation mondaine[2], et les meilleures familles envoyaient leurs enfants aux ateliers de Sicyone, d'Égine, d'Argos ou d'Athènes[3]. Je sais bien que Platon proscrit les arts de sa République; mais, rassurez-vous, sa République est imaginaire. Au fond, Platon ne proscrit que les méchants ouvrages et les artistes sans valeur[4]; quant à ceux qui ont fait leurs preuves, il les appelle, il leur demande des œuvres saines, irréprochables. « En voyant chaque jour, dit-il[5], des chefs-d'œuvre de peinture, de sculpture et d'architecture, pleins de noblesse et de correction, les esprits les moins disposés aux grâces, élevés parmi ces ouvrages comme dans un air pur et sain, prendront le goût du beau, du décent, du délicat. Ils s'accoutumeront à saisir avec justesse ce qu'il y a de parfait ou de défectueux dans les ouvrages de l'art et dans ceux de la nature, et cette heureuse rectitude de leur jugement deviendra une habitude de leur âme. » Voilà de nobles pensées et un beau langage vraiment dignes de Platon!

Plutarque et Lucien ne le prennent pas de si haut. Encore que le premier soit un disciple éloi-

---

1. Em. David, *Recherches sur l'art stat.*, 152 et suiv.
2. Pline, *loc. cit.*, et de Laborde, *Rapport sur l'Expos. univ.*, p. 13.
3. Em. David, *Recherches sur l'art stat.*, 170, 171.
4. *De Leg.*, III.
5. *De Rep.*, III. Traduction d'Em. David.

gné de Platon, il connaît trop mal les arts pour en dire du bien, et Lucien les connaît trop bien pour en dire du mal. Leur point de vue est nouveau : il consiste à séparer l'œuvre de l'artiste, pour se ménager le droit de jouir de l'une en méprisant l'autre. Ce procédé commode mérite toute notre attention ; un contemporain de Périclès ne l'aurait jamais imaginé. Mais Plutarque et Lucien sont de leur temps : ils subissent à leur insu l'influence romaine.

Rome ne pardonna jamais aux Grecs leur supériorité dans les arts[1]. Il ne lui suffisait pas d'avoir transplanté la Grèce en Italie avec ses dieux, sa langue, ses modes, ses artistes, ses monuments. Le conquérant sentait son impuissance, mais il n'était pas d'humeur à l'avouer ; il fit comme le renard de la fable et décida que l'art était indigne de lui et *bon pour les goujats*. « Nous méprisons ces futilités, dit Cicéron dédaigneusement, nous les abandonnons aux peuples tributaires pour leur servir de consolation et d'amusement dans leur esclavage[2]. » On traita les artistes en peuple conquis, en esclaves chargés de sculpter et de peindre pour le plaisir de leurs maîtres ; on inventa pour eux le sobriquet de *Græculi*, les petits Grecs.

Ces façons hautaines dédommageaient l'amour-propre national, et la littérature s'empressa d'en

---

1. *Les Collectionneurs de l'ancienne Rome*, p. 4.
2. *In Verr.*, II, 4, 60.

profiter : elle étrangla sans scrupule les nouveaux venus. On assure que ces pratiques sont familières aux gens de lettres, sous toutes les latitudes ; je l'ignore, mais le Romain s'exécute en conscience. Nous venons d'entendre Cicéron ; dans l'intimité, il charge Atticus de lui acheter à tout prix des ouvrages grecs pour décorer ses villas ; en public, il affecte de se connaître fort peu à ces misères, *non multum in istis rebus intelligo*, dit-il quelque part ; qu'est-ce que Myron ou Polyclète ? Il sait à peine leurs noms [1] ; ces prétendus chefs-d'œuvre sont *des bagatelles, des joujoux bons pour amuser les enfants* [2]. Valère Maxime estime que le métier de peintre est une profession basse, *sordidum studium* [3], et Salluste n'est pas éloigné d'assimiler la passion des tableaux à l'ivrognerie et à la débauche [4]. Sénèque n'admet pas que la peinture et la sculpture soient rangées parmi les professions libérales, « à moins, dit-il, que l'on ne comprenne dans la même catégorie l'art du parfumeur, du cuisinier et de tous ceux qui emploient leurs talents pour nos plaisirs [5]. » Quant à Juvénal, il déteste *la lie achéenne* : « Qu'est-ce qu'un Grec ? un homme à tout faire, grammairien, rhéteur, géomètre, peintre, garçon

---

1. *In Verr., de Signis.*
2. *Parad.*, V, 2.
3. Val. Max., VIII, 14, 6.
4. Sall., *Cat.*
5. Sén., *lett.* 88. Cette opinion est d'autant plus remarquable que Sénèque est stoïcien et que, de son aveu, il combat la doctrine du Portique.

de bain, augure, danseur de corde, médecin, diseur de bonne aventure, il sait tous les métiers. Un Grec affamé montera au ciel, si vous l'ordonnez [1]. »

Ainsi va le chauvinisme romain ; pour lui, Apelle et Phidias sont des *petits radoteurs de la Grèce*[2], et le faubourien de Rome a bien raison, *il ne donnerait pas cent sous d'un cent de Grecs*[3].

Tout le monde étant d'accord, Rome déclare hautement que les lettres et les sciences seront seules reconnues comme professions libérales, c'est-à-dire dignes de l'homme libre. On abandonne à l'esclave, à l'homme du peuple les spécialités grecques, — la peinture, la sculpture et leurs dérivés, — pour les confondre avec les arts mécaniques. Désormais l'art sera divisé en deux catégories : l'*art noble*, le seul que l'on enseigne dans les écoles, et l'*art servile* ou plébéien.

Tel est le programme imposé par la métropole, colporté par la littérature, enseigné par le rhéteur, le philosophe et le jurisconsulte. Les sophistes se chargeront de la propagande en province : « Ces hommes sans goût et sans jugement, dit Winckelmann[4], placés dans toutes les chaires publiques de l'empire, pensionnés richement pour la force de leurs poumons, crioient contre tout ce qui n'étoit

---

1. Juvén., *Sat.* III.
2. *Græculi delirantes*, Pétrone, *Satyr*.
3. Perse, V, 191.
4. *Hist. de l'art*, III.

pas savant et ne regardoient un habile artiste que comme un bon manœuvre. »

Sous Domitien, Plutarque, appelé à Rome pour donner des conférences, trouve ce programme tout fait, l'adopte pour son compte et le propage au retour parmi les écoles grecques. Un siècle plus tard, Lucien élevé dans ces mêmes écoles, converti par les sophistes et par le philosophe Nigrinus[1], répète à son auditoire les théories que Plutarque avait professées avant lui. Et Rome peut chanter victoire ; son influence est si bien entrée dans les mœurs, la Grèce est si bas tombée, que voici deux hommes considérables, passionnés dès l'enfance pour tout ce qui est grec, qui, sans en avoir conscience, popularisent des principes imaginés par la rancune romaine pour humilier la Grèce en déconsidérant ses artistes.

II.

Mais allons plus avant, car pour apprécier la politique romaine, personnelle et tenace, il faut la suivre jusqu'au bout. En Orient, Clément d'Alexandrie et Théodoret professent « qu'il n'y a point de différence entre un peintre, un tailleur, un doreur

---

[1]. Lucien, *Nigrinus*.

et un cuisinier; que les arts, inventions dangereuses et inutiles, ont été imaginés pour des jouissances criminelles [1] ». Naturellement tous les Pères de l'Église s'emparent du préjugé romain pour combattre les artistes, grands pourvoyeurs de l'idolâtrie. Au vᵉ siècle, le code Théodosien assimile le peintre au maçon, au plombier, à tous les ouvriers du bâtiment [2]. En Occident, le divorce des lettres et des arts est un fait accompli. Malgré l'exemple d'Adrien et de Marc-Aurèle qui se piquaient de cultiver la peinture comme la philosophie et le droit, le peintre et le sculpteur, réunis en colléges, ne sortent pas de la condition servile que Rome leur a faite; ce sont des artisans dont les procédés se transmettent d'atelier en atelier. Dès le ivᵉ siècle le programme romain devient la règle obligée de toutes les écoles; il comprend la grammaire, la rhétorique, la dialectique, l'arithmétique, la géométrie, la musique et l'astronomie; on ne parle pas des arts du dessin. La nouvelle formule prend le nom célèbre des *sept arts libéraux;* Marcianus Capella l'introduit en Afrique, Boèce et Cassiodore chez les Hérules et les Goths, Isidore de Séville en Espagne, Béda le Vénérable en Angleterre; si bien que l'esprit romain, survivant à Rome elle-même, finit par s'imposer à toutes les écoles du moyen âge.

Comme les autres provinces, la Gaule adopta

---

1. Em. David, *Hist. de la peinture,* p. 17. Éd. 1842.
2. Cod. Théod., *De excus., artif.,* XIII, 4.

la consigne et modela ses institutions sur le patron de la métropole. « Les Romains, dit Émeric David, pendant une domination de quatre siècles, firent dans les Gaules, relativement à l'instruction publique, ce qu'ils faisaient à Rome; ils honorèrent et encouragèrent beaucoup les belles-lettres, très-peu le commerce et point du tout les beaux-arts [1]. » La législation nouvelle introduite après la conquête ne se montra pas plus intelligente. Le second capitulaire de Dagobert fixe la composition pour le meurtre d'un *orfévre* ou d'un *armurier qui ont fait publiquement leurs preuves*, au même prix, — quarante sols, — que pour le meurtre *d'un cuisinier ou d'un berger qui ont un aide* [2].

Telle était la condition de l'art et de l'artiste, quand l'Église entreprit de les sauver.

Depuis longtemps les communautés religieuses avaient pris pied dans l'industrie. Le monastère, en recueillant les gens de métier chassés par les envahisseurs, avait formé des ateliers consacrés dans le principe à la fabrication exclusive des objets du culte. Bientôt, les invasions périodiques amenant de nouvelles recrues, l'atelier fut obligé d'étendre ses attributions pour occuper ce personnel supplémentaire ; il élargit son enceinte et sa clientèle, créa des écoles, des succursales [3].

---

1. *Influence des arts du dessin*, etc., 1842, p. 257.
2. Baluze, *Capitul.*, I, 79. — Abbé Texier, *Dict.*, p. 932.
3. Labarte, Coll. *Debruge-Dumesnil*, p. 213. — Texier, *Dict.*, p. 942.

Insensiblement la corporation laïque disparaissait pour faire place à la confrérie religieuse [1].

Charlemagne favorisa cette évolution remarquable. On sait qu'après avoir appelé en Gaule les plus fameux littérateurs de la péninsule, l'infatigable organisateur ramena d'Italie une nouvelle colonie de maîtres habiles dans tous les arts (787). Quels étaient ces étrangers ? Depuis cinquante ans la persécution des iconoclastes avait commencé ; des peintres, des sculpteurs, des orfévres, des architectes, chassés de l'Orient, accouraient en Italie. C'étaient, pour la plupart, des religieux de l'ordre de Saint-Basile [2] qui avaient fondé ces grandes associations monastiques enseignant et pratiquant les arts, dont la tradition s'est perpétuée dans les couvents du mont Athos. La papauté leur ouvrait les bras et les employait à relever Rome de ses ruines [3]. Charlemagne comprit à son tour le parti qu'il pouvait tirer de cette émigration orientale pour organiser une renaissance dans nos provinces; il décida plusieurs de ces moines-artistes à le suivre, et les installa dans nos abbayes avec leurs procédés et leur discipline.

Ainsi l'Église prend possession des arts pour les

---

1. Toutefois, dans certaines provinces, dans le Midi, par exemple, où l'organisation municipale et les traditions latines étaient plus vivaces, la confrérie laïque conserva toujours son ancienne activité.
2. Em. David, *Hist. de la peinture*, p. 65. — Viollet-le-Duc, *Dict. d'Architecture*, I, p. 120.
3. Em. David, *id.*, p. 65.

associer aux lettres et aux sciences dont elle a déjà le monopole ; elle s'apprête à sauver de la barbarie tous les éléments de la civilisation groupés sous sa main. Dès lors l'artiste, en se faisant religieux, change de condition et reprend sa place légitime à côté de ses pairs. L'atelier monastique, continué sous les successeurs de Charlemagne au milieu de l'anarchie la plus effroyable, repris et remanié au xie siècle par les Clunisiens, devient une véritable école modèle, où les lettres et les arts, réunis pour la première fois sous le même toit, traités d'égal à égal, sont cultivés et professés simultanément[1] ; alliance heureuse et féconde dont l'initiative appartient à l'Église et que les temps modernes cherchent encore à réaliser.

Mais la tradition romaine avait la vie dure. Si l'Église élevait jusqu'à elle les arts enseignés par les siens, pour son service et dans son enceinte, ce privilége n'allait pas plus loin. Pour être devenus clercs, le peintre et le sculpteur ne sont pas encore anoblis. Un gentilhomme a le droit d'être un lettré comme Foulques le Bon, comte d'Anjou ; Henri, comte de Champagne, ou Geoffroy Plantagenet ; *artibus imbutus septenis,* dit un poëte contemporain[2], il ne touchera jamais un ciseau ou un pinceau, sous peine de déroger. Malgré les efforts intelli-

---

1. Courajod, *École royale des élèves protégés,* p. xiv et suiv. — L. Maître, *Écoles monastiques,* etc., p. 249 et suiv.

2. V. Steph., *Carmen de Gaufrido comite Andegavensi,* ap. L. Maître, p. 256.

gents de l'Église, l'ancienne distinction des arts nobles et roturiers n'est pas encore entamée; le programme scolaire se renferme toujours dans le *trivium,* c'est-à-dire la grammaire, la rhétorique, la dialectique, et le *quadrivium* ou l'arithmétique, la géométrie, la musique et l'astronomie. On n'imagine pas que le cercle des connaissances intellectuelles puisse comprendre d'autres catégories; et le miniaturiste, comme l'imagier, chargés de représenter les allégories des arts dans les livres et sur les monuments, reproduisent invariablement les sept figures traditionnelles[1].

Ainsi depuis Marcianus Capella jusqu'à Alcuin, depuis Alcuin jusqu'à Abélard, toutes les écoles se transmettent scrupuleusement l'héritage romain sans le modifier[2]. Philippe-Auguste, en constituant l'Université (1200), consacre une dernière fois la coutume séculaire qui devient la loi obligatoire et définitive de l'enseignement. Désormais le corps universitaire aura seul le privilége de l'instruction publique, et son programme sera le *trivium* et le *quadrivium.* En d'autres termes, les anciennes prérogatives des sept arts et l'exclusion des arts du dessin sont officiellement confirmées[3].

---

1. *Hortus deliciarum,* manuscrit brûlé par les Prussiens au siége de Strasbourg. — Voussures de la porte de droite, façade ouest de la cathédrale de Chartres.

2. L. Maître, *Écoles épisc.,* p. 207.

3. « ... quædam artes dicuntur liberales quod non nisi liberis licebat eas addiscere; utque volunt liberum ab omni curâ et sollicitudine, unde pauperes studere non possunt, quod non sunt liberi ab

Quelle fut à ce moment l'attitude de nos maîtres? La corporation indépendante venait de se constituer à l'image des communes ; l'artiste affranchi de la tutelle monastique était libre ; son premier mouvement fut de protester à sa manière. Estimant que le savant ou le lettré ne lui sont supérieurs ni par la naissance ni par le talent, et qu'il a bien le droit de s'afficher à leur côté sur les monuments sortis de ses mains, il ajoute résolûment deux nouvelles figures, — l'architecture et la peinture, — au cortége habituel des arts libéraux. Dans tous les édifices de la fin du XIIe et des premières années du XIIIe siècle, à la porte centrale de Sens, au portail occidental de Laon, sur le porche septentrional de Chartres, le maître-maçon et le peintre-imagier prennent place, pour la première fois, entre le géomètre, le grammairien et l'astronome [1].

Est-ce à dire que nos maîtres comptaient se mettre en campagne pour sortir de leur condition et marcher enfin de pair avec les arts privilégiés? La protestation était faite et, le premier moment d'effervescence une fois passé, ils renoncent à une revendication prématurée. Aussi bien l'école avait

---

omni cura, propter defectum rerum temporalium, etc... artes dicuntur mechanicæ quasi adulterinæ respectu liberalium. » *Catholicon Joannis Januensis*, composé en 1286.

1. Viollet-le-Duc, *Dict.*, *Arts libéraux*. Il faut aussi remarquer qu'à partir de cette époque les architectes commencent à signer leurs œuvres, soit en gravant leur nom, soit en reproduisant leur portrait.

mieux à faire. Au sortir du cloître elle était encore semi-romaine; pour achever de se naturaliser française, elle devait rester populaire et prendre racine dans le cœur du pays. Si l'art ogival est profondément gaulois par l'accent, la franchise et le bon sens, il le doit à l'intimité de l'art et du métier, de l'intelligence qui conçoit et de la main qui exécute, de l'artiste et de l'artisan. En répudiant son origine démocratique, en cherchant ses alliances dans les classes privilégiées, comme le fit plus tard l'Académie de peinture, l'école française se compromettait sans retour et perdait ses plus belles journées.

Mais un siècle après saint Louis, on peut déjà pressentir l'esprit nouveau. Sous l'influence des Valois, la cour de France devient la plus brillante de l'Europe, l'artiste commence à faire figure dans la haute domesticité royale[1] : Raymond du Temple est *le bien-aimé sergent d'armes et maçon* de Charles V; Colart de Laon a le titre de *varlet de chambre* du duc d'Orléans. Les ducs de Berri, d'Anjou, de Bourgogne, de Guienne, forment de grandes collections; René d'Anjou ne dédaigne pas de tenir le pinceau; Charles VII accorde à la corporation des peintres de nombreux priviléges[2]. Encore quelques années et la Renaissance fera son entrée dans le monde, escortée d'un merveil-

---

1. Renan, *Hist. lit.*, p. 208.
2. Savary, *Dict. du commerce*, Peintres.

leux état-major de peintres, de sculpteurs, d'architectes et traînant à sa suite les rois, les princes et les peuples.

Sans doute l'occasion était belle et la revanche facile. Au bruit de la jeune armée triomphante, les préjugés vermoulus du moyen âge allaient s'écrouler, comme au son des trompettes les murailles de Jéricho ; détrompez-vous. Le vieil esprit romain ne se tient pas pour battu ; sorti des ruines avec la Renaissance, il s'empare encore une fois de l'opinion et gouverne de plus belle la cour et l'école.

Barthélemy de Chasseneuz, qui fut conseiller du roi François Ier et président du parlement de Provence, s'exprime en ces termes dans son *Catalogus gloriæ mundi*[2] : « Tout le monde est d'accord sur ce point qu'il y a seulement sept arts libéraux, ainsi nommés, d'abord parce que *seuls* ils rendent l'homme libre des spéculations basses et que *seuls* ils le conduisent à la sagesse ; en second lieu parce qu'ils requièrent une âme libre *à la différence des arts serviles et mécaniques*, où l'ouvrier travaille plus par le corps que par l'esprit ; enfin parce qu'on les enseigne aux enfants libres et nobles. » Voilà qui est parfaitement romain, et Sénèque n'eût pas mieux dit. Quant aux arts *mineurs ou mécaniques*, Chasseneuz les classe dans l'ordre hiérarchique suivant : l'agriculture, l'orfévrerie, l'impri-

---

1. *Decima pars*, 187.

merie, l'alchimie, la filature, la charpente, la taille des pierres avec la sculpture, l'art des couleurs comprenant la teinture et la peinture, le commerce, la vénerie et l'art théatral[1]. On a besoin de se rappeler que Chasseneuz est un homme grave pour ne pas sourire à ces enfantillages. L'illustre Budé est encore plus net : dans un de ses traités[2], se souvenant de Juvénal, il écrit sérieusement que les artistes sont la lie des villes, *artifices sunt fæces urbium.*

Je n'ignore pas que le dédain des lettres pour les arts, — leur indifférence, si vous voulez, — passe pour un trait de notre caractère. On nous oppose Vasari et les Italiens, comme si la situation faite aux artistes par le moyen âge, conséquence de la tradition romaine, n'était pas commune à toutes les races latines. On fait valoir les institutions républicaines de l'Italie, la belle émulation de ces villes rivales formant des régions d'art indépendantes[3] et se disputant les hommes de talent à coups d'honneurs, d'égards et de pensions ; d'où la conclusion que l'art doit nécessairement rencontrer plus de considération et s'épanouir plus volontiers dans un sol si fertile en Vasaris et en petites républiques.

Si je ne me trompe, la politique n'a que faire ici. L'art est une plante capricieuse qui pousse où

---

1. *Catal.*, p. 213 et suiv.
2. *De asse*, f. 139.
3. E. Renan, *Hist. lit.*, II, 213.

bon lui semble et sous tous les régimes. Donnez-lui pour maîtres Périclès ou saint Louis, Léon X ou les Médicis, plantez-la chez les rois maures ou dans les villes libres de Hollande, peu lui importe. J'ignore si les démocraties modernes lui conviendront plus tard ; pour le moment, le climat républicain de la Suisse et des États-Unis ne paraît pas avoir ses préférences. En ce qui touche Vasari, nos voisins ont eu la bonne fortune de le rencontrer à point nommé et ils en ont tiré parti ; mais on aurait tort de le considérer comme un produit normal de la culture italienne, c'est un accident. Vasari n'a pas de similaires ni au moyen âge, ni à la Renaissance ; comme son compatriote l'Arétin, il est l'*Unico*.

D'ailleurs, à quoi bon nous proposer les Italiens comme modèles ? Leur admiration est plus expansive, leur enthousiasme plus bruyant, j'en conviens ; est-ce à dire qu'il soit plus éclairé ? Laissons de côté les grands noms et les anecdotes fameuses : en France comme en Italie, les talents exceptionnels ont toujours rencontré des hommages à leur mesure ; mais tous les Mécènes au petit pied ne sont pas des Léon X, ni tous les peintres des Raphaël. Le Castiglione avoue que, de son temps, la peinture passait pour *un art mécanique peu convenable à un gentilhomme*[1] ; et Laurent de Médicis

---

1. « Laqual (pittura) hoggidi forse par mecanica e poco conveniente a gentilhuomo. » *Corteg.*, I.

lui-même disait au Graffione qu'*avec des écus on fait des artistes*, sur quoi l'autre répondait fièrement : *non pas, ce sont les artistes qui font les écus*[1]. Voilà des appréciations qui ne sont pas à l'avantage de la noblesse italienne. Quant aux universités chargées de l'enseignement public, elles se tiennent sur les hauteurs, marquant avec soin la distance qui sépare les arts nobles de tous les métiers subalternes. En vain l'école se transforme et couvre l'Italie de chefs-d'œuvre sans précédents, en vain les immortels précurseurs de l'art nouveau

> Versent des torrents de lumière
> Sur leurs obscurs blasphémateurs,

Bartholomeo Cepolla, jurisconsulte de Padoue[2], place le peintre et le sculpteur dans l'ordre mineur, *minores, ignobiles seu plebeii*, à côté du cabaretier, du laboureur, du marbrier et du matelot[3]; et Augustin de Rome enseigne publiquement que *le cuisinier d'un prince passe avant n'importe quel artiste*[4]. C'est exactement le langage que Chasseneuz et Budé devaient tenir un demi-siècle plus tard; tant il est vrai que, loin d'accuser la France d'avoir

---

1. Éd. Fétis, *l'Art dans la société et dans l'État*, p. 57.
2. Mort en 1474.
3. *Tractatus de re militari et duello*, VII.
4. Augustin de Rome, mort en 1443. — *Catalog. gloriæ mundi*, p. 231. « Etiam coquus principis, ut dicit Romanus singulari suo 649, præferri debet cuicunque plebeio et artifici. »

seule méconnu la dignité de ses artistes, il serait plus logique de convenir que, venus après l'Italie, nous avons subi son influence et suivi son exemple.

Au demeurant, nos vieux maîtres s'inquiétaient médiocrement de ces distinctions puériles, derniers souvenirs de la scolastique du moyen âge. A la fois peintres et lettrés, sculpteurs et géomètres, architectes et ingénieurs, ils avaient un pied dans les deux camps. Que Ronsard, dans un accès de jalousie, « blasme le Roy de ce que les bénéfices se donnoient à des maçons et *autres plus viles personnes;* qu'il taxe particulièrement un de l'Orme, architecte des Tuileries, qui avoit obtenu l'abbaye d'Ivry[1] », Philibert de l'Orme laissera dire; c'est un maçon, soit, mais doublé d'un savant et d'un écrivain plein de bon sens. Palissy fait un cours public de géologie et sait écrire au besoin des pages de haute éloquence; Jean Goujon et Jean Cousin sont des géomètres consommés, qui parlent à leurs lecteurs en fort bons termes. Admis dans l'intimité du prince, recherchés par les grands, instruits et bien élevés, ils se moquent du jurisconsulte et ne lui demandent pas son avis sur la position sociale qu'ils doivent occuper.

Mais pour un petit nombre de talents privilégiés dont l'autorité s'imposait à la cour, il s'en faut que le corps lui-même fût dégagé de son enveloppe roturière. Catherine de Médicis peut « esquicher

---

[1]. Binet, *OEuvres de Ronsard,* p. 1153.

et portraire elle-même¹ »; elle est étrangère, agit à sa guise et se moque du qu'en dira-t-on ; d'ailleurs *fille de marchand* et de petite noblesse, comme on le disait tout haut à la cour de France². Personne ne songe à l'imiter et nos artistes ne font pas d'élèves parmi les gens du monde. Je veux croire que l'ancienne formule est bien usée, qu'elle n'est plus qu'une thèse philosophique à l'usage des écoles ; l'opinion publique résiste encore, elle n'admet pas la peinture ni la sculpture parmi les professions libérales. Geoffroy Tory, dans son Champfleury³, ne reconnaît que les sept arts classiques ; François Briot lui-même, qui travaillait dans la seconde moitié du siècle, représente encore les sept allégories autour de son plat de la Tempérance⁴, et Christophe de Savigny, composant en 1587 un Traité sur les arts libéraux⁵, ne mentionne ni la peinture, ni la sculpture, ni l'architecture.

Henri IV eut l'honneur de comprendre le premier le mot du Graffione, que *les artistes font les écus*. Le bon roi n'était pas un *dilettante* à coup sûr, mais un esprit politique prêt à faire, par raison d'état et pour le bien public, ce que ses prédécesseurs faisaient par sentiment et pour leur propre

---

1. Phil. de l'Orme, *Arch.*, Préface.
2. Cheruel, *Marie Stuart et Catherine de Médicis*, p. 17.
3. Éd. 1549.
4. Le huitième cartouche représente Minerve ou la Sagesse.
5. *Tableaux accomplis de tous les arts libéraux*, etc., par Jean et François de Gourmont... 1587.

gloire. Il résolut d'appeler à Paris et de loger au Louvre les plus excellents maîtres de France et de l'étranger « pour faire comme une pépinière d'ouvriers, de laquelle, sous l'apprentissage de si bons maîtres, il en sortiroit plusieurs qui par après se répandroient dans le royaume et qui sçauroient très-bien servir le public[1] ». « Le dessein de ce prince, dit encore Sauval[2], étoit de loger dans son Louvre les plus grands seigneurs et les plus excellents maîtres du royaume, afin de faire comme une alliance de l'esprit et des beaux-arts avec la noblesse et l'épée. »

Pour le coup, le programme est neuf et grandiose ; Platon lui-même n'allait pas jusque-là. Par malheur, les logements se trouvèrent insuffisants, et les artistes furent seuls installés dans les galeries du Louvre. Mais l'heure avait sonné : le vieil édifice, bâti par la jalousie romaine et respecté par le moyen âge, tombait en poussière. Marie de Médicis arrivait en France pour « faire de l'amour de la peinture la vertu obligée du courtisan[3] » ; Rubens était accueilli comme un grand seigneur.

Quelques années plus tard, Simon Vouet, comblé d'honneurs, donnait des leçons de dessin à Louis XIII, et *monsieur le baron de Fouquières*, comme l'appelait le Poussin, ne peignait que l'épée au côté. En prenant son appui dans les classes

---

1. Préambule des *Lettres patentes* du 22 déc. 1608.
2. *Hist.*, II, 41.
3 . L. Vitet, *Eust. Lesueur.*

élevées, le peintre échappait de jour en jour à la domination tyrannique et bourgeoise de la maîtrise; d'autre part, celle-ci voyant d'un œil jaloux ces parvenus logés au Louvre, qui se passaient d'elle et faisaient concurrence à son monopole[1], les poursuivait sans relâche et, par ses tracasseries, provoquait une rupture. Un groupe d'artistes indépendants se mit en avant et fonda l'Académie de peinture (1648).

Je n'ai pas à revenir sur ce que j'ai dit ailleurs à ce propos[2]. On se trompa des deux côtés : la maîtrise, en poussant à bout des artistes dont elle avait besoin pour la diriger, l'inspirer; relever la vulgarité des conceptions purement industrielles; le peintre et le sculpteur, en formant une aristocratie indépendante, condamnée à s'isoler chaque jour davantage sans pouvoir désormais se retremper aux sources vives et nationales. Après une expérience de deux siècles, l'art et l'industrie peuvent apprécier ce que la séparation leur a coûté. Toutefois, ce régime avait alors un correctif qui lui manque aujourd'hui. Les plus habiles parmi les peintres, les orfèvres, les sculpteurs, les ébénistes, etc., enrégimentés sous les ordres de Lebrun, habitaient ensemble le Louvre ou les Gobelins. Encore bien que le drapeau fût différent, puisque les uns tenaient à l'Académie, les autres à la maîtrise, l'unité de

---

1. Courajod, *École royale*, etc., XLVII et suiv.
2. Voir page 13.

commandement, les relations de voisinage maintenaient l'esprit de corps, la discipline, la communauté des efforts, et l'influence se répandait des manufactures royales sur tous les ateliers de province. Du jour où, le faisceau étant rompu, l'armée n'a plus reconnu ni chef ni mot de ralliement, la division a porté ses fruits ; on a compris quelle faute on avait commise.

Au surplus, en rompant la vieille alliance avec la maîtrise, les premiers académiciens poursuivaient un but qui méritait bien quelques sacrifices : ils voulaient « rendre leur profession libre de toute servitude [1] », organiser l'art, lui assurer dans l'avenir une existence propre, un enseignement public, remplacer enfin la protection précaire et personnelle du prince par la protection impersonnelle et permanente de l'État. Ils eurent la gloire de réussir. Quinze ans après sa fondation, l'Académie, dotée et constituée comme corps enseignant, devient une institution d'État [2] ; en 1666, Colbert fonde l'Académie de France à Rome, en 1667 la manufacture et l'école des Gobelins, en 1671 l'Académie d'architecture ; enfin, en 1676, de nouvelles lettres patentes autorisent l'établissement d'Académies provinciales.

Ainsi l'œuvre est *reconnue d'utilité publique*. Les arts, relevés de leur ancienne déchéance, repren-

---

1. Guillet de Saint-Georges, *Discours sur la vie d'Eust. Lesueur.*
2. Courajod, *École royale,* etc., p. 2.

nent rang à côté des lettres et des sciences, et possèdent au même titre une Académie, un enseignement officiel, le patronage de l'État; ils ont droit aux mêmes priviléges, à la même considération. Vingt siècles après Aristote, les dictionnaires de Furetière et de Savary inscrivent *pour la première fois* l'architecture, la peinture et la sculpture parmi les arts libéraux[1].

III.

L'artiste avait enfin trouvé sa place au soleil; mais le brevet d'académicien n'était pas un talisman destiné à le transformer du jour au lendemain. Un nouveau régime ne s'implante pas sans opposition; il faut compter sur la routine, les habitudes prises. Ainsi tous les gens de lettres ne pensaient pas comme Furetière, et s'en tenaient encore aux anciennes définitions. La première édition du *Dictionnaire de l'Académie* (1694) contient cet article singulier, que l'on dirait inspiré par Abélard ou quelqu'un des siens : « On appelle arts libéraux les arts qui peuvent être pratiqués par un homme de condition libre et ingénue et sans machines. Ils

---

1. *Dictionnaire* de Furetière, 1690, de Savary, 1723.

sont opposés aux arts méchaniques. La Grammaire, la Rhétorique, la Dialectique, l'Arithmétique, la Musique, la Géométrie et l'Astronomie sont les sept arts libéraux. » Sur quoi Furetière ne manque pas de prendre à partie ses anciens collègues : « Ils sont tous Poëtes, dit-il[1], tant bons que mauvais, et ils oublient de comprendre la Poésie dans leur nombre des arts libéraux, aussi bien que la Peinture, la Sculpture et l'Architecture, qui, constamment, en sont les plus belles parties. » Et comme la définition est heureusement trouvée! Est-ce que la Musique, la Géométrie, etc., « ne peuvent pas être sçeus et pratiqués par des gens de condition servile? L'Astronome, le Géomètre, le Musicien, ne se servent-ils pas de machines et d'engins qui, par excellence, sont nommés instruments, aussi bien que le Peintre et le Sculpteur? Voilà par où on peut juger ce qu'on doit attendre des autres articles du *Dictionnaire,* où ces messieurs parleront de choses qu'à la rigueur ils ne sont pas obligés de savoir. »

Furetière avait raison, et l'Académie finit par le comprendre : les éditions suivantes du *Dictionnaire* ne comprennent plus le malencontreux paragraphe.

En province, où l'esprit de caste a plus de racines, l'opposition devait être plus tenace. Le monde avait de la peine à saluer ces parvenus qu'il

---

1. *Factums* de Furetière, éd. Asselineau, I, 181.

traitait la veille d'artisans et d'ouvriers mécaniques[1]. Aux yeux des échevins marseillais, le Puget passe encore pour « un ouvrier visionnaire, bon à mettre aux petites-maisons[2] », et la vieille noblesse estime que « manier le pinceau est contre la coutume de France qui ne veut pas qu'un gentilhomme sache rien faire[3] ». Toutefois ces préventions allaient s'affaiblissant de jour en jour; le XVIIIe siècle leur porta le dernier coup en popularisant les Académies provinciales. Les artistes de province avaient eu le bon esprit d'imiter les Parisiens et d'associer à leurs compagnies des amateurs choisis parmi les curieux les plus autorisés et les plus considérables de la ville. Sur ce terrain commun, le peintre et le sculpteur se rencontraient avec *leurs confrères* de la noblesse, du clergé, de la haute bourgeoisie. Dès lors l'artiste devenait un personnage aux yeux de ses compatriotes, et sa cause était gagnée[4].

Ainsi disparaissaient tour à tour les derniers souvenirs du passé. L'artiste suivait paisiblement le chemin ouvert devant lui et pouvait se croire à l'abri de nouvelles attaques, quand parut le mémoire de J.-J. Rousseau à l'Académie de Dijon (1750).

L'Académie avait demandé *si les arts et les*

---

1. *Inventaire des deus langues françois et latin*, par Phil. Monet, 1635, et *Dict.* de Richelet, 1680, aux mots *arts libéraux*.
2. Lettre de Villeneuve, *Arch. de l'art français*, VI, 89.
3. Molière, *le Sicilien ou l'Amour peintre*.
4. Léon Lagrange, *Gazette des Beaux-Arts*, IX, 294.

sciences ont contribué à corrompre ou à épurer les mœurs. Rousseau prit parti tout à la fois contre les arts, les sciences et les lettres. On devait s'y attendre ; ne fallait-il pas pousser la proposition jusqu'à l'absurde pour piquer la curiosité et se faire remarquer? D'ailleurs, à quel titre le citoyen de Genève eût-il défendu les beaux-arts? Il ne les comprend pas, la grâce ne l'a pas touché. Habitué à chercher son bien dans Sénèque, sans jamais le citer[1], il ne pouvait manquer de rencontrer ce paradoxe au passage, et de l'utiliser pour son compte ; la matière est si attrayante pour un lettré, amateur de beaux développements oratoires! Partant de ce principe que l'art est le compagnon du luxe, le produit des civilisations vieillies, on démontre aisément qu'il est superflu, incompatible avec la vertu et qu'il démoralise les peuples. On fait le tableau des âges primitifs, temps heureux où l'on ne savait ni sculpter, ni peindre. Aux corruptions du règne de Louis XV, on oppose l'innocence des peuples sauvages ; aux scandales de Rome impériale, l'austérité de Rome républicaine, cadre excellent pour une *prosopopée à Fabricius*.

Si l'on s'en tenait là, la fantaisie serait bien inoffensive et ne nous occuperait pas davantage ; depuis l'antiquité, tous les grands moralistes ont cuit et rebattu la matière sans que cela tire à consé-

---

1. Sénèque, *Lettres* 88 et 90. — Diderot, *Essai sur les règnes de Claude et de Néron*, éd. 1821, p. 310, note de Naigeon.

quence. Mais Rousseau ne l'entend pas ainsi : son mémoire est plus qu'un jeu d'esprit littéraire, c'est un pamphlet politique et social. A l'entendre, l'art est un des moyens d'exploitation du peuple par le Prince, du pauvre par le riche : « Les Princes, dit-il[1], voyent toujours avec plaisir le goût des arts agréables s'étendre parmi leurs sujets, car outre qu'ils les nourrissent ainsi dans cette petitesse d'âme si propre à la servitude, ils savent très-bien que tous les besoins que le peuple se donne sont autant de chaînes dont il se charge. » Et plus loin[2] : « L'argent qui circule entre les mains des riches et des artistes pour fournir à leurs superfluités est perdu pour la subsistance du laboureur, et celui-ci n'a point d'habit précisément parce qu'il faut du galon aux autres. »

Présentés sous le patronage de l'innocence et de la vertu, arguments très à la mode en ce temps-là, soutenus avec une rare éloquence et toutes les apparences de la conviction, ces paradoxes ne pouvaient manquer de séduire un public blasé, amoureux des idées nouvelles et mûr pour la révolution. L'Académie de Dijon donna l'exemple. Elle s'était déjà compromise en posant la question, — c'était admettre que la solution fût douteuse ; — elle couronna le mémoire à l'unanimité et, pour mieux afficher ses sympathies, défendit publique-

---

1. *Les Avantages et les Désavantages des sciences*, etc. 1756, I, 9.
2. *Id.*, II, 237, note.

ment l'auteur contre ses adversaires[1]. En vain
quelques voix s'élevèrent pour protester, Rousseau
saisit l'occasion d'une polémique qui lui servait de
publicité ; il riposta vivement aux applaudissements
des femmes et des gens du monde, sa clientèle ordinaire, et, quoi qu'on en dise, il eut le dernier
mot[2].

Le mémoire de Dijon est le point de départ de
la doctrine révolutionnaire sur les arts et sur les
artistes. Il traduit brutalement le sentiment philosophique et littéraire de son temps. « Les gens de
lettres, disait Naigeon qui connaissait bien ses confrères, les gens de lettres, plus ou moins étrangers
aux arts, en parlent superficiellement, n'en jugent
pas mieux et n'en suivent même l'invention et les
progrès qu'avec ce faible intérêt qu'on met à toutes
les choses vers lesquelles la nature n'entraîne pas
avec violence[3]. » On sait quel pitoyable connaisseur
était Voltaire ; ni la peinture, ni la musique n'existaient pour lui[4]. C'est Voltaire qui jugeait *la Famille de Darius* bien supérieure aux *Pèlerins d'Em-
maüs*[5]; il écrit qu'*avant Louis XIV il n'y avait ni
art ni artistes français*[6]; il appelle Bouchardon

---

1. *Désaveu de l'Académie de Dijon*, 22 juin 1752.
2. *Avantages et Désavantages des sciences*, 1756.
3. *Avertissement* de l'éd. de Diderot, 1798.
4. « La peinture n'existoit pas plus pour lui que la musique ; con-
solez-vous, vulgaires mortels ! » Mercier, *Tableau de Paris*, 51.
5. *Siècle de Louis XIV.*
6. *Id.*

notre Phidias[1]. Marmontel traite de *babioles*, de *fadaises* et de *breloques achetées chez les brocanteurs*, le beau recueil d'antiques que Caylus devait laisser au cabinet du Roi[2]. Quant à Diderot, c'est une autre affaire; celui-là du moins aime les arts et s'y connaît. Mais sortez-le de son intimité artistique, de ce monde remuant et fourmillant d'idées qui le passionne, lui communique le feu sacré, lui inspire ces Salons si chauds, si vivants, Diderot montrera bientôt le bout de l'oreille philosophique. N'a-t-il pas collaboré avec Jean-Jacques au discours de Dijon ? Ne l'a-t-il pas encouragé dans le parti qu'il avait choisi, l'exhortant à persister, revoyant même les épreuves[3] ? Dans un de ses meilleurs traités[4], il écrit que « les sciences et les arts sont les enfants de l'oisiveté, de la curiosité, de l'ennui, du besoin, du plaisir et du temps »; c'est la thèse de Rousseau, moins les considérations politiques. Le langage de Mercier est encore plus significatif. Mercier est l'enfant terrible de la Révolution, il a son franc-parler sur toutes choses; voici ce qu'il écrivait en 1788 : « Nous croyons qu'il n'y auroit pas de livre plus philosophique à faire aujourd'hui que celui qui s'élèveroit avec force contre la peinture, la gravure, l'architecture, l'enluminure, la sculpture, ces arts tant préconisés et si faux, si dangereux, si inutiles au

---

1. *Lettre au comte de Caylus*, 1739.
2. *Mémoires*, I, 359.
3. *Notice sur Diderot*, par Mme de Vandeul.
4. *Essai sur les règnes de Claude et de Néron*, éd. 1821, p. 417.

bonheur et aux vives jouissances de l'âme. Ils ont usurpé les titres du génie ; il est temps de les déposséder et de rendre aux arts riants et utiles, aux arts du sentiment, les sommes immenses que le pinceau et le ciseau ont détournées pour quelques impressions molles, passagères et dangereuses sous plusieurs rapports[1]. »

La Convention se chargea de la besogne. Cinq ans plus tard elle renversait les Académies de Paris, celles de province, les Écoles de dessin, l'École des Gobelins, toutes les « Bastilles académiques », et remplaçait la belle organisation du xviie siècle par je ne sais quoi de barbare et de ridicule, la *Commune générale des arts*; dans ce grand naufrage du bon sens, l'École française faillit sombrer tout entière.

Heureusement ces folies ne devaient durer qu'un temps ; la réaction arrivait à grand pas. La Constitution de l'an III (1795) décréta la fondation de l'Institut, c'est-à-dire la réunion, sous une autre forme et avec d'autres attributions, de toutes les anciennes Académies des Lettres, des Sciences, de Peinture, d'Architecture et de Musique. Certes la nouvelle institution ne remplaçait pas le vieil organisme ; « les anciennes Académies, dit M. Lagrange[2], offraient aux artistes un lien de confraternité, un foyer de force et de progrès, une protection

---

1. *Tableau de Paris*, Amsterdam, 1788, X, 103.
2. *Sociétés des Amis des arts en France*, p. 295.

mutuelle, en même temps qu'elles laissaient au talent individuel la plus grande liberté de développement ». L'Académie des Beaux-Arts ou, pour mieux dire, la 4ᵉ classe de l'Institut, asservie par David et son École, organisa une dictature impitoyable dans les arts, jusqu'au jour où elle se trouva en face d'une réaction irrésistible, la réaction du romantisme.

Mais à quoi bon revenir sur un procès jugé depuis longtemps[1]? Malgré ses défaillances et ses imperfections, l'Institut fut encore la seule planche de salut jetée aux artistes pendant la tempête révolutionnaire. Aussi bien l'idée première était grande et politique, et nous aurions mauvaise grâce à le méconnaître. Réunir sous un même toit toutes les Académies, former un seul faisceau de toutes les manifestations du génie national, sciences, lettres et beaux-arts, c'était affirmer une fois de plus le principe que nous défendons depuis les premières lignes de cette étude; c'était proclamer officiellement qu'il n'y a point d'arts privilégiés, que tous ont des droits égaux devant l'État et la Société, et que la reconnaissance des peuples réserve à tous les grands génies un égal hommage et un même Panthéon.

---

1. L. Lagrange, *id.* — Courajod, *École royale des élèves protégés,* XCII et suiv. — De Laborde, *Rapport sur les beaux-arts à l'exposition de* 1851, pass.

IV.

Nous venons d'accompagner rapidement l'artiste depuis l'antiquité jusqu'aux temps modernes. Poursuivi par la jalousie romaine, relevé par l'Église, méconnu par les Universités, dédaigné par la noblesse, maintenu par le Prince dans un parasitisme équivoque, il retrouve enfin sa place légitime au XVIIe siècle. Il est académicien, il a le rang et la considération de ses pairs. A peine la transformation est-elle achevée, que la Révolution menace de le culbuter à tout jamais.

Tant que l'artiste est resté dans l'ombre et l'anonymat, personne ne lui a cherché querelle. Du moment qu'il a voulu changer de condition, monter en grade et avoir un nom, à Rome comme en France, il a toujours rencontré devant lui le même adversaire, le philosophe ; et, depuis Sénèque jusqu'à Rousseau, tous ces graves personnages se sont mis en frais d'éloquence et de bel esprit pour rajeunir l'éternel réquisitoire contre un coupable imaginaire.

Voyons, messieurs, c'est de l'ingratitude. L'artiste n'a pas été, que je sache, inutile à votre gloire : il a popularisé votre nom sur la toile, le bronze et le marbre. Sans doute ces objets d'un art frivole et corrupteur ne vous touchent point ; c'est

« un poids matériel auquel ne saurait s'attacher une âme pure et qui se rappelle son origine [1] ». Mais j'imagine que vous faites exception pour les tableaux et les statues qui parlent de vous et célèbrent vos mérites.

D'ailleurs n'êtes-vous pas bien exigeants? Vous comptez, à raison, parmi les écrivains les plus raffinés, vous êtes les plus fameux ciseleurs et damasquineurs de périodes, des coloristes achevés en beau style, des peintres et des sculpteurs en littérature. Vous trouvez bon de faire de l'art pour votre compte; souffrez donc que les autres usent de la même liberté. Est-ce que l'art au bout de la plume serait différent de l'art au bout du pinceau ou de l'ébauchoir? aurait-il un monopole de vertu et d'innocence?

Vous professez que la pratique de la sagesse est incompatible avec la pratique des beaux-arts, et qu'en polissant une statue, comme disait tout à l'heure un des vôtres, on ne peut également polir son âme. Il y a temps pour tout. Rien n'empêche qu'un grand artiste soit un modèle de vertu; l'homme qui s'élève sans relâche vers les régions hautes, à la recherche du beau qui est *la splendeur du vrai*, trouvera dans son art, n'en doutez pas, un enseignement égal aux meilleures leçons de la philosophie. Quant à savoir quelle est son influence au dehors, quel profit la moralité humaine peut

---

1. Senec., *Consol. ad Helviam.*

tirer de ses œuvres, il est permis de croire qu'une madone de Fra Angelico, une cathédrale gothique, une Pieta de Michel-Ange, ont opéré autant de conversions que toute la phraséologie de votre répertoire. « Raphaël, disait Diderot[1], est aussi éloquent sur la toile que Bossuet dans la chaire; » cela est vrai. Raphaël a même un avantage : c'est un prédicateur permanent, toujours en chaire. Le monument, l'image pénètrent, instruisent, convainquent à la longue, par l'habitude journalière, inconsciente; la langue qu'ils parlent est universelle, à la portée de tous, du vulgaire comme du savant; tous les peuples l'entendent sans interprète. Il me semble que voilà des collaborateurs que vous traitez bien cavalièrement; Platon, votre maître, tenait un autre langage quand il associait les grands artistes à la moralisation de leurs concitoyens.

Vous assurez que l'art est une invention du luxe, une sécrétion des civilisations faisandées. Cela était bon à dire de votre temps; la science moderne y regarde de plus près. En fouillant les profondeurs préhistoriques, en descendant dans ces cavernes où l'homme primitif disputait à des carnassiers formidables sa nourriture et sa vie, le géologue a découvert des débris d'armes et d'ustensiles; quelques-uns portent des traces d'ornementation, des images d'animaux antédiluviens, gravés

---

1. *Essai sur les règnes de Claude et de Néron*, p. 415.

avec la pointe d'un silex et accusant déjà le sentiment du dessin, l'imitation naïve et juste[1]. En présence de ces monuments d'une indiscutable authenticité, il faut bien vous décider, quoi qu'il en coûte, et laisser là ces théories commodes qui vous ont tant servi. L'art est antérieur à toutes les civilisations, à toutes les monarchies et, ne vous en déplaise, à toutes les philosophies; ce n'est pas un luxe, une superfluité, c'est un besoin inné, instinctif, primordial[2]. Il est en nous depuis le jour où, pétrissant le limon de la terre, l'Artiste par excellence créa l'homme à son image et le fit artiste comme lui.

Aujourd'hui ces vérités commencent à se faire jour. Le législateur de 1833 a ouvert aux beaux-arts la porte de l'enseignement, — la petite porte, il est vrai, — mais le premier pas est fait. Il y a vingt ans, la carrière d'artiste était encore la terreur des familles; « que de conspirations sourdes, adroites, persévérantes, écrivait M. de Laborde[3], contre les dispositions artistes d'enfants heureusement doués, depuis le dédain général professé pour tout ce qui tient à la carrière d'artiste, jusqu'à la porte fermée à tous ceux qui s'y dévouent; depuis le bonbon donné à condition qu'on ne dessinera pas sur son cahier ou sur sa

---

1. Lenormand, *les Monuments de l'âge de pierre*, *Gazette des Beaux-Arts*, XXIII, 506.
2. De Laborde, *Rapport sur l'Exposition*, etc., p. 5.
3. *Id.*, p. 435.

table, jusqu'à la malédiction paternelle qui menace le jeune homme à son entrée dans l'atelier du maître. » A vrai dire, la littérature romantique n'était pas innocente de ces préventions : elle avait imaginé, pour personnifier l'artiste, un type de rapin bohème et mal élevé, professant le plus glorieux mépris pour le bourgeois, et celui-ci ne pouvait manquer de prendre sa revanche. Nous n'en sommes plus là, Dieu merci. Au lieu d'un personnage chevelu et débraillé, le père de famille voit un homme correct qui tient ses livres et se fait construire des hôtels. Il se dit qu'après tout la profession d'artiste en vaut bien une autre, qu'un bon peintre fait de meilleures affaires qu'un bon notaire, et que la palette, avec ses accessoires, coûte notablement moins cher qu'une étude. Ses amis, les collectionneurs, lui ont appris que les tableaux sont devenus des placements avantageux et, s'il n'encourage pas encore la vocation de son fils, il le laisse faire.

Eh bien, malgré ce premier succès, le vieux levain est toujours là, dans notre chair et dans notre sang. Interrogez l'Université, elle répondra qu'en vérité l'on est bien difficile ; — que chaque collégien a le droit, si les parents en font la demande, de suivre une fois par semaine un cours où l'on enseigne, en quarante leçons, l'art d'aligner des hachures d'après les lithographies de Julien ; — que les programmes scolaires traitent sur le même pied tous les *arts d'agrément*, et réservent au dessin une place honorable à côté de l'escrime, de la gymnastique et de la natation.

J'en conviens; mais que l'Université veuille bien jeter les yeux sur l'Attique, qu'elle connaît probablement. Voilà un petit pays de soixante-seize lieues carrées, stérile et pierreux, nourrissant une population de cinquante mille citoyens libres et de quatre cent mille esclaves, fondant des colonies, entretenant une flotte et des armées, faisant trembler le grand roi, tenant tête à Philippe et à Sylla; par quel moyen, s'il vous plaît? Par l'éclat de sa littérature, le chant de ses poëtes, les leçons de ses philosophes et de ses orateurs? Nullement; Athènes battait monnaie avec l'art. En vendant à l'univers les tableaux, les statues, les vases, l'orfévrerie, les armes, les meubles, les étoffes de ses ateliers, les premiers du monde dans tous les genres, elle attirait chez elle les capitaux étrangers, payait ses dépenses de guerre et de paix, et mettait en réserve un solde de gloire qui lui rapporte encore aujourd'hui des intérêts[1]. Ce qui revient à dire que cet *art d'agrément,* bien cultivé et rendu obligatoire comme chez les Athéniens, n'est rien moins qu'une source de prospérité et de puissance incomparables.

Interrogez l'économiste, l'homme politique, ce que l'on est convenu d'appeler les gens pratiques,

---

1. Em. David, *Infl. du dessin,* etc., éd. 1842, p. 240 et suiv. — L. Viardot, *Musées de France,* p. 320.

ils répondront que les tableaux et les objets d'art sont d'élégantes superfluités, le passe-temps des oisifs, des blasés et de quelques monomanes ; mais que ces choses n'ont pas de valeur économique appréciable, et que l'art est un facteur que l'on néglige dans tous les problèmes d'organisation politique.

Quel est donc, je vous prie, l'industriel capable de produire, avec des matières premières aussi insignifiantes, une valeur aussi considérable que l'artiste avec son pinceau? Que représente la mise de fonds pour un peintre comme M. Meissonier? avec cent écus de toile, de couleurs, de modèle et de cadre, il va créer un premier capital de trente ou quarante mille francs au moins, qui s'augmente tout d'abord de vingt à trente pour cent en passant par les intermédiaires. Les graveurs s'emparent de son tableau et font sortir d'une planche de cuivre un second capital à joindre au premier. Multipliez ce chiffre par le nombre des tableaux du maître depuis quarante ans; ajoutez ses dessins et ses eaux-fortes qui représentent encore un nouveau capital, — et je ne fais pas entrer en ligne de compte l'œuvre de tous ses élèves qui sont bien des valeurs issues de son cerveau. N'est-il pas vrai que ce producteur, ce *faiseur d'écus*, dirait le Graffione, mérite quelques égards[1]?

Maintenant ouvrez les statistiques douanières

---

1. Éd. Fétis, l'*Art dans la société et dans l'État*, 1870.

et démontrez, pièces en main, que les produits de nos manufactures, ceux qui dépendent de l'art, qui ne peuvent exister sans lui, représentent le cinquième de notre exportation totale; — chiffrez, si vous le pouvez, le tribut que la France, l'Italie, la Belgique prélèvent, bon an mal an, sur la curiosité des touristes attirés par leurs monuments et leurs musées; — refaites, après Émeric David, le traité de l'*Influence des arts du dessin sur la richesse des nations*[1]; reprenez tous les arguments de M. de Laborde[2]; recommencez le plaidoyer de M. Fétis[3], peine perdue! Les économistes, gens positifs, fermeront les yeux et les oreilles; leur siége est fait. Apparemment, leur rêve serait de voir l'art disparaître, les Académies silencieuses, les ateliers vides, les Salons fermant leurs portes, le Louvre et les Musées transformés en usines, et les collectionneurs à Charenton. Plus de peintres, de sculpteurs, d'architectes, plus d'amateurs de *guenons;* le fleuve retire ses eaux fécondes, laissant à sec une plage aride, peuplée de philosophes, d'économistes et d'ingénieurs.

Grâce à Dieu, ces temps maudits ne viendront pas. Rien n'étouffera le génie artiste, l'âme qu'il élève à la contemplation du beau, et cette intelligence plus modeste qui, ne pouvant créer, recueille du moins les enfants trouvés de l'art et leur donne

---

1. Mémoire couronné par l'Institut en l'an XII.
2. *Rapport sur les Beaux-Arts.*
3. *L'Art dans la société,* etc., 1870.

une seconde paternité. L'art est une faculté innée, un besoin social indestructible. Il a cette vitalité patiente qui est la marque des choses éternelles; malgré la mauvaise humeur des uns, l'indifférence des autres, il poursuit sa route, marchant lentement mais à coup sûr; et l'admiration universelle ne peut se défendre de lui rendre hommage dans le temps même où l'on conteste à l'artiste sa place dans la société comme individu, son rôle dans l'État comme instrument de la fortune publique. Les vérités de l'art sont impérissables, et chacun de ses efforts augmente le trésor définitif de l'humanité. Politique, diplomatie, théories économiques, conquêtes et révolutions d'un jour, tout passe et disparaît. Du haut de son immortalité sereine, l'art contemple ces fantômes qui descendent dans l'ombre, ces ruines bruyantes qui s'écroulent, *impavidum feriunt ruinæ*. Aujourd'hui est à d'autres, qu'importe! Demain est à lui.

LA CONTREFAÇON

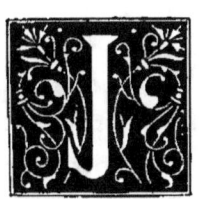E viens de rencontrer mon ami B...; il était radieux. « Je l'ai enfin vue, me dit-il, cette fameuse épée! c'est prodigieux. Dix amateurs s'y sont trompés et l'ont prise pour un excellent original du xvie siècle; mais le marchand est un honnête homme, — ne riez pas, on en trouve encore. — Il a fini par leur avouer la vérité, que son épée était moderne de toutes pièces et qu'il entendait bien la vendre comme telle, ce qu'il a fait.

— Parbleu, lui dis-je, voilà un beau sujet de joie! Pour un marchand de bonne foi, vous en aurez cent qui vont exploiter votre fabricant d'épées et s'en servir pour tromper les amateurs.

— Que les amateurs se défendent, reprit l'autre; cela n'est pas mon affaire, je ne suis pas le Mentor des Télémaques de la curiosité; ils ont la loi et la police correctionnelle pour eux.

— A merveille; mais du moment que la contrefaçon est si habile, pourquoi ne pas vous approvisionner chez elle? Car enfin vous êtes des maniaques qui payez bravement 10,000 francs une épée ancienne, et ne donnerez pas 25 louis d'une copie moderne si parfaite que vous vous y trompez vous-mêmes.

— D'abord, je nie cette prétendue identité. A distance, l'erreur est possible; mettez côte à côte le modèle et la copie, pas un connaisseur ne s'y méprendra : on reconnaît toujours le feu, l'esprit, l'honnêteté de l'original. Mais j'accorde que la ressemblance soit frappante à première vue : je ne veux point de contrefaçons chez moi par la même raison que je ne laisserai pas sortir ma femme avec des diamants faux, si bien imités qu'un lapidaire seul pourrait les reconnaître.

— Cependant, fis-je à mon tour, s'il s'agit d'une œuvre dont l'original n'existe pas, n'a jamais existé; d'une création moderne imitant l'ancien style; d'un buste en terre cuite par exemple, modelé, usé, vieilli par un Bastianini quelconque? Ce n'est point le fac-simile mécanique d'un original connu, c'est une œuvre d'art.

— Soit, mais d'un art malhonnête. Donnez-nous de belles copies, exécutées loyalement, sans supercherie, sans *maquillage*, sans intention de tromper les gens, rien de mieux; mais laissons à la porte, s'il vous plaît, cet art hypocrite qui se déguise en honnête homme pour entrer dans nos maisons et y faire des dupes. Je ne souffre dans mon intimité que des amis sûrs, qui aient fait leurs preuves, et dans mon cabinet que des œuvres de bon aloi et bien authentiques. Vous me direz que les plus clairvoyants peuvent se tromper, j'en demeure d'accord; ces méprises sont rares et nous pourrions les compter, mais quelques-unes ont fait du bruit; raison de plus pour se montrer intraitable sur l'authenticité. Considérez l'engouement du public pour les ventes de galeries célèbres; on s'en moque souvent et l'on n'a pas toujours tort. La vanité joue bien son rôle dans ces affaires; mais le gros du public, que fait-il? Il achète sa sécurité. Tel amateur, peu sûr de lui-même, payera le double un tableau dont la provenance lui est garantie par l'autorité incontestée du possesseur ou par une transmission héréditaire, plutôt que de courir un risque en payant moitié moins au marchand. Ne vous récriez pas et faites-moi grâce de vos complaintes fanées sur les folies des collectionneurs, je les sais par cœur; mais jetez plutôt les yeux autour de vous : n'est-ce point l'authenticité qui donne le prix à vos croyances, à vos affections, à vos reliques de famille, à ce vieux fauteuil plein du souvenir de vos aïeux? Que l'on vienne vous prouver qu'il n'est pas authentique, vous l'enverrez au grenier.

— Passe pour le fauteuil qui ne tenait sa valeur que de son auréole et perd tout en la perdant. Mais un objet d'art, reconnu faux, ne change pas du jour au lendemain, j'imagine.

— Non; mais je lui attribuais à tort une valeur d'originalité, de création, il ne l'a plus; de rareté, d'antiquité, de souvenir historique, ce n'est plus rien qu'un pastiche banal qui peut se reproduire indéfiniment. Ce qui a changé, ce n'est point l'objet lui-même, c'est le jugement que j'en portais, l'opinion que j'en avais conçue. Je lui prêtais des qualités imaginaires, j'étais la dupe d'un trompe-l'œil; on m'a ouvert les yeux,

> Le masque tombe, l'homme reste
> Et le héros s'évanouit.

Et, contemplant à regret mes illusions perdues, je dis à mon idole d'hier le mot de Mirabeau à Barnave : *Il n'y a plus de divinité en toi...*

— Mon ami, fis-je après un moment de silence, voulez-vous un conseil? Vendez votre cabinet et plantez des choux. Dieu me préserve de collectionner au prix de pareils dangers et de pareils mécomptes!

— Pourquoi donc, reprit l'autre. Parce que l'on fabrique des pseudo-chefs-d'œuvre? Mais alors fermez aussi le Louvre, fermez Cluny et la Bibliothèque; si l'épidémie menace nos succursales, elle menace de même nos grands dépôts. Les musées n'ont pas d'autres garanties que nous, croyez-le bien : l'expérience, le goût, le flair, une longue pratique, l'étude et la comparaison attentives, continues, et par-dessus tout une extrême défiance. Non, le véritable curieux ne s'alarme point si vite; il n'est pas infatué de sa propre infaillibilité et trouve là matière à s'exercer le jugement, à comparer, à apprendre; son esprit, tenu en éveil par la fraude, ne risque point de s'endormir dans une sécurité périlleuse.

D'ailleurs il faut bien tenir compte des circonstances. Aujourd'hui le peintre s'ingénie à contrefaire un tapis turc, un coup de canon, une tache de sang; les femmes parodient les modes de leurs arrière-grand'mères; l'architecte refait les maisons et les intérieurs d'autrefois; on imite l'or avec le bronze, le marbre avec la pâte, le cuivre avec le zinc, l'orfévrerie avec le ruolz. L'industrie copie un jour le rococo, demain le grec ou le moyen âge, tantôt la Renaissance, tantôt le Directoire, quand elle ne copie pas tous les styles pêle-mêle pour s'épargner l'embarras du choix. Amenez maintenant sur le terrain la photographie et l'électricité avec leur attirail reproducteur, et dites-moi si la contrefaçon ne devait pas s'épanouir dans un sol si bien préparé.

— L'épidémie a donc tout envahi?

— Tout. Je ne vous parle pas de la peinture, c'est de l'histoire ancienne. En Belgique, on fabrique encore des Memling et des Van Eyck à la douzaine; à Paris, je connais une manufacture de Greuze et de Boucher qui a fait bien des victimes.

Mais voulez-vous du vieux Chine? la *Famille verte* parisienne est irréprochable; — du vieux Rouen? allez à Saint-Lô; — des autographes? demandez à Vrain-Lucas; — des verreries arabes ou vénitiennes, des reliures aux armes de Marie-Antoinette ou de Grolier, du Strasbourg, du Moustier, du Nevers, de l'Urbino, des émaux avec ou sans paillons, de l'ivoire ou du buis sculptés? vous n'avez qu'à parler. Êtes-vous amateur de belle orfévrerie parisienne? une ancienne cafetière tout unie et sans valeur fera l'affaire, pourvu qu'elle porte les poinçons du vieux Paris; on la repousse à nouveau, on la grave, et le tour est joué; au besoin, on fabriquera des vieux poinçons. Cherchez-vous les vieilles ciselures? la galvanoplastie vous donnera des empreintes incomparables, patinées d'un, de deux ou de trois siècles, au choix.

Aimez-vous la poussière? on en a mis partout,

de la fausse poussière, mélangée de terre pourrie pour lui donner du ton et de l'âge. La chimie opère des miracles; le permanganate de potasse teinte le bois neuf, l'acide nitrique en dévore l'épiderme; le sulfate de potasse vieillit l'or et oxyde l'argent; le chlorure d'ammoniaque colore le bronze, tandis que le vitriol décolore les étoffes. Et les tours de main, coups de marteau discrets, cassures à propos, parties neuves brisées à dessein puis restaurées, coups de pied intelligents, fumigations, cuisson au feu! Le brou de noix et la suie calcinée, les teintures et les vernis, le brunissoir pour écraser les pores, la grattebosse pour adoucir les vives arêtes; l'arsenal est bien au complet, je vous le jure.

« On écrirait des volumes sur les apocryphes de la curiosité. La contrefaçon nous attaque de tous les côtés à la fois : l'Angleterre et l'Orient, l'Espagne et la Belgique, la Chine et l'Allemagne, l'Autriche et le Japon se mettent de la partie. Jadis l'Italie pouvait suffire à la curiosité du monde entier; la belle fille avait assez de trésors pour se dispenser des postiches. Mais les temps sont changés. « Laissez faire, disait un grand ministre, *Italia fara da se,* et l'Italie tient largement sa promesse : elle fait et contrefait sans qu'on l'y aide. Elle a des ateliers pour les faïences et les bronzes frelatés; elle exploite en gros la certosine, la marqueterie, le bois sculpté, les peintures; elle travaille pour l'exportation. La fabrication vénitienne a tué les anciennes verreries, et, depuis Bastianini, on n'ose plus acheter une terre cuite; celui qui se risque est certain, au retour, que les Parisiens se moqueront de lui, les uns par conviction, les autres pour faire croire qu'ils s'y connaissent, et les troisièmes parce que l'objet ne leur appartient pas.

— Et votre épée de tout à l'heure, vous n'en dites rien.

— Mon ami, le XVIe siècle est une mine inépuisable. Si vous voulez des casques, des boucliers, des épées, des cuirasses, des masses ou des marteaux d'armes, le moment est bon ; il en vient d'Espagne, d'Italie, de Suède, peut-être de Belleville et de Montmartre. Tous sont ciselés, dorés, repoussés, damasquinés ; tous ont dû appartenir à des princes ou à des souverains ; cela fait peur. Jadis on comptait ces merveilles, on les a suivies, on sait ce qu'elles sont devenues : l'ancien cabinet d'armes du prince Soltykoff n'est pas dans le commerce, celui du comte de Nieuwerkerke appartient à sir Richard Wallace ; les Rothschild de Paris, de Francfort, de Londres et de Vienne, les Doria et les Trivulzi conservent religieusement leurs trésors ; M. Riggs garde le sien pour l'Amérique ; M. de Beaumont se suiciderait plutôt que de démembrer sa collection ; comme la vieille garde, il meurt et ne vend pas.

« D'où viennent donc ces inconnus de la veille ? où sont leurs papiers de famille ? Si quelques-uns sont de bonne maison, soyez sûr que bien des parvenus se faufilent dans ce monde de gentilshommes.

« Naguère il se fit un grand tapage dans la curiosité. Un de mes amis, — il n'aime pas qu'on lui rappelle cette aventure, — avait vendu 4,000 francs une serrure du xve siècle, le phénix des serrures ; et chacun se répétait que l'heureux acquéreur de cette merveille en refusait 40,000 francs ; ce qui redoublait la mélancolie de mon ami. Cette fois, la pièce était d'une authenticité éclatante, elle avait cet air honnête qui prévient tout d'abord et ses

parchemins en règle, ce qui vaut encore mieux.
Mais jugez quelle plus-value pour la ferronnerie en
général et quelle tentation pour les habiles! on
paya des clefs en fer ciselé 700, 800, 1,000 francs
la pièce; des couteaux, des fermoirs d'escarcelle,
5 et 6,000 francs. A dater de ce jour, on en découvrit beaucoup, beaucoup trop. Une autre fois, je
vous donnerai l'adresse du fabricant; à ce prix, il a
une belle marge.

« Par miracle, les bronzes italiens de la Renaissance avaient échappé à la contagion; leur patine
inimitable les protégeait. On pouvait donc acheter
de confiance les fontes à cire perdue, les profils
superbes de Victor Pisano et de Sperandio, et ces
adorables *plaquettes* tirées sur les cires originales
des grands orfévres de Florence et du Milanais.
Quel triomphe de posséder ces petites merveilles
sans inquiétude du lendemain, de les admirer à
cœur ouvert, de se livrer sans arrière-pensée
comme on fait entre honnêtes gens dont on est
sûr! n'est-ce point le bonheur suprême de l'amoureux? Et pendant que les maigres fourrageurs de
la curiosité cherchaient péniblement leur vie
parmi les ronces, les épines et les piéges à loup,
on vit des hommes privilégiés, retirés dans leur
paradis de la Renaissance italienne, suivre insolemment les sentiers faciles, cueillant à pleines
mains les plaquettes virginales et les médailles
immaculées.

« Mais, ô désespoir! voici que l'ennemi s'est

introduit dans la place; des médailles frelatées ont paru à l'horizon, elles se renouvellent dans des proportions inquiétantes. L'alarme fut grande au paradis italien; on s'émut, on chercha, on découvrit quoi? un graveur, un numismate, un fondeur? Vous n'y êtes point. Un ancien danseur, retiré des affaires, avait rencontré, — Dieu sait comment et pourquoi, — le secret des fontes et des patines anciennes; fort honnête homme d'ailleurs, vendant ses produits loyalement pour d'excellentes copies, l'innocent! tandis que le marchand qui l'exploitait les revendait pour des originaux.

— La contrefaçon du bois ne doit pas être aussi commode.

— Sans doute; il y faut beaucoup d'art et de finesse. On ne peut pas employer le surmoulage, et le temps, qui se contente d'attaquer l'épiderme du métal, pénètre le bois, le dévore jusqu'à la moelle; le travail du ver a des effets imprévus qui déroutent l'imitateur. Mais quoi! la contrefaçon est fertile en ressources, elle sait faire des prodiges; au besoin, elle dresserait des vers savants pour fouiller le bois neuf à la demande.

« Il y avait une fois, — je parle des temps préhistoriques de la curiosité, — un menuisier ingénieux qui possédait quelques meubles, spécimens intacts et parfaitement conservés de la *hucherie* du XVIe siècle. Il ne tarda pas à les vendre et voulut les remplacer. Il se mit en voyage, trouva des meubles à peu près complets, des trois quarts de meuble, les fit restaurer et vendit le tout sans rien dire. Mais le client devenait plus nombreux, le bénéfice plus appétissant; notre homme courait la province et ne rencontrait que des demi-meubles; il fallut bien s'en accommoder. « Après tout, disait-il, il n'y a que le premier pas qui coûte; ajouter un, deux ou trois panneaux, si le bois est vieux, qu'importe? » Et, la conscience en règle, il refaisait la moitié, vendait le total et se remettait en campagne. Bientôt il se contenta de quarts de meubles et compléta le reste. Quand le quart de meuble fut épuisé, l'honnête industriel fut réduit au fragment, à l'atome de meuble; avec une cariatide il composait une table, avec un demi-fronton une armoire; et la vente allait de plus belle. « Est-ce ancien? lui disait-on. — Certainement! « faisait l'autre en montrant l'atome; on a conso- « lidé, voilà tout. » Et le client enthousiasmé payait comptant.

Aujourd'hui notre homme ne se donne plus la peine de se déranger; à quoi bon? Il confectionne sur place un meuble entièrement neuf de pied en cap; les cariatides sont en bois estampé, les panneaux vermiculés à la machine; il teinte, salit, transperce et ratisse le tout avec soin. « Est-ce « ancien? dit encore le client. — Laissez-le, fait « l'autre, si vous n'êtes pas sûr de vous; j'ai dix « connaisseurs sérieux qui le prendront à votre « refus. » Et le client humilié achète toujours.

« Jadis Paris avait la spécialité de ces articles;

il les écoulait en province, et la pauvrette s'y laissait prendre invariablement.

Mais, ô juste retour des choses d'ici-bas!

à cette heure, le Lyonnais, le Toulousain, l'Auvergnat fabriquent des contrefaçons triomphantes, nous les envoient soigneusement pommadées dans des caisses d'apparence honnête, et le Parisien achète au déballage, de confiance et sans marchander.

— Parbleu, lui dis-je, c'est un singulier métier que le vôtre avec ses précipices, ses cavernes, ses guets-apens et ses bandits, mais vous avez la vocation. J'avoue que je préfère les grandes routes, les gendarmes et les sergents de ville.

— Mon ami, le curieux est un chasseur, il n'achète pas son gibier chez Chevet. Si la chasse est plus accidentée, eh bien, tant mieux! il y aura moins de concurrence. Certaines gens s'imaginent que l'on s'entend à la curiosité sans apprentissage. A les voir trancher cavalièrement sur tout, il semble que l'on soit connaisseur de naissance; est-ce qu'on s'improvise connaisseur en chevaux? Mais apparemment il faut moins de temps pour devenir amateur que maquignon. Que la contrefaçon soit le châtiment de ces impertinences, je n'y vois pas de mal.

— Avouez-le, c'est un bienfait. Prenez-y garde,

vous êtes sur la pente d'un de ces paradoxes qui vous sont chers.

— Le bel argument! En France nous avons l'idolâtrie du préjugé, de l'opinion banale, toute faite ; et ce qui dérange notre culte nous choque tellement que nous avons attaché au mot *paradoxe,* c'est-à-dire à *toute proposition contraire à l'opinion commune,* l'idée de quelque chose d'excentrique, de tapageur, qui ne sent pas son homme correct et sérieux. Vous n'attendez pas de moi, j'imagine, un sermon ou une thèse de droit sur la contrefaçon, des commentaires sur le septième commandement du Décalogue et l'article 423 du Code pénal. Je prends le phénomène dans ses rapports avec l'art et dans ses conséquences historiques ; à ce point de vue, qui pourrait affirmer que ce soit un mal? Interrogez la Renaissance : la typographie lyonnaise se forme en contrefaisant les Aldes ; les Padouans apprennent leur métier en fabriquant des médailles antiques; les graveurs italiens, en imitant les estampes et jusqu'au monogramme d'Albert Dürer. L'imprimerie elle-même, à ses débuts, ne fut qu'une contrefaçon de manuscrits parfaitement caractérisée. La Saxe a fait son apprentissage en fabriquant du faux chine, Delft du faux japon, Nevers du faux italien. Au moyen âge, rappelez-vous la fortune de Venise et son origine : les croisades avaient mis l'Orient à la mode, et les ateliers vénitiens, s'emparant des procédés de Byzance, inondèrent l'Europe de productions pseudo-orientales.

Si je remonte plus loin, je pourrai vous montrer l'art grec s'implantant à Rome, grâce aux copistes qui ne se faisaient pas scrupule, comme le dit Phèdre, « de mettre la signature de Praxitèle, de Scopas, de Zeuxis ou de Myron au bas de leurs ouvrages pour en tirer meilleur parti ». Laissons donc à l'avenir le soin de faire la part de chacun ; lui seul pourra dire si la contrefaçon moderne nous réserve des Gutenberg et des Marc-Antoine.

— N'y comptez pas. Vos faussaires n'inventeront jamais rien. Ce sont des organisations atrophiées, stériles ; des créateurs, jamais. Demandez-leur un métier honnête, il ne sauront pas s'y prendre ; cela sort de leur spécialité.

— Qu'en savez-vous ? Voilà des malheureux que l'avidité de certains marchands a précipités dans les bas-fonds de la contrefaçon. Quelques-uns ont du talent ; à force de vivre en compagnie des anciens maîtres, de copier leurs façons, leur allure, ils en ont gardé quelque chose. Un jour ou l'autre le dégoût les prendra ; ils se lasseront de traîner une vie misérable, exploités sans merci par des intermédiaires qui achètent à vil prix leurs chefs-d'œuvre clandestins. Vous les verrez remonter à la surface et travailler à ciel ouvert.

« Tenez, l'autre jour, comme je philosophais sur ces misères, le hasard me conduisit à l'Hôtel des ventes ; le hasard n'en fait jamais d'autres. On vendait la collection de Vitel. L'avez-vous connu ?

C'était un ancien ouvrier marqueteur, intelligent et amoureux des choses anciennes. Il appartenait à la génération des Sauvageot, des Debruge-Duménil, des Du Sommerard; Balzac a fait son portrait. Le prince Soltykoff le distingua de bonne heure et le chargea de surveiller ce trésor incomparable qui depuis... mais alors on l'appelait simplement la *collection du Prince*. Toutes les merveilles de ce beau recueil avaient passé par les mains de Vitel. Il les aimait, il savait les prendre; si la pièce menaçait ruine, il la restaurait délicatement, faisait les reprises perdues, consolidait les restes, cicatrisait les plaies. Au besoin,

Son amour refaisait une virginité.

« A ce métier, Vitel devint un artiste d'une nature particulière; à la fois sculpteur, ébéniste décorateur, ciseleur et ferronnier, il était né trois siècles en retard. C'était un esprit observateur et pratique : en disséquant, pour les rajuster, ces immortels cadavres, il surprit quelques secrets des anciens maîtres et résolut de les appliquer à l'art moderne. Il composa une série de meubles usuels, bien raisonnés et très-élégants tout à la fois, en somme de l'art du xixe siècle comme en ferait un maître-huchier du xvie qui reviendrait au monde. Et ces ouvrages exécutés loyalement, signés de lui, ont trouvé à sa vente de nombreux acquéreurs et des prix honorables.

« Ainsi, voilà un homme, qui pouvait contrefaire tout comme un autre, qui a préféré consacrer honnêtement son aptitude à des créations modernes et qui a réussi. J'en sais d'autres qui n'attendent qu'un moment pour le suivre dans la voie qu'il a ouverte.

« Interrogez tous les restaurateurs de la curiosité, ces excellents praticiens que l'on nomme tout haut : André, le docteur incomparable des faïences et des émaux ; — Étienne, le chirurgien-major des meubles ; — Bague, qui continue les traditions de son maître Vitel ; — Dournès, Gauvin, Dasson, qui pratiquent les opérations les plus délicates sur le fer et le cuivre ; — Jardinet et Wallet, les spécialistes de la tapisserie ; — Thuillier, Durand et Piré, qui excellent dans les affections de l'ébénisterie ; — Wandenberg, dans le traitement de la dorure ; — et leur doyen, le vénérable Baudouin, qui opère l'ivoire et le buis avec tant d'adresse, de patience et de précision. Ces habiles rebouteurs soignent, pansent et remettent sur pied les glorieux invalides que nous recueillons dans nos cabinets ; tâche ingrate et qui exige autant de talent que d'abnégation ; car il faut savoir s'effacer, dissimuler sa collaboration, se résigner à faire des chefs-d'œuvre anonymes. Eh bien, tous n'ont qu'une ambition : créer une œuvre qu'ils puissent avouer tout haut et signer des deux mains. « Donnez-nous du loisir, « disait l'un d'eux, et nous nous jetons à corps « perdu dans l'art contemporain. »

« Ne me dites pas que la mode est aveugle et féroce, qu'elle ne voudra pas de leurs ouvrages, du moment qu'ils seront modernes. La mode ne résiste qu'aux impuissants, à ceux qui n'ont pas assez de nerf pour la passionner et la conquérir; quand on sait la prendre, elle est bonne fille et fait toutes les concessions. Est-ce qu'elle dédaigne les *adaptations* anciennes, ingénieuses et pratiques, les carrelages de Delange et les toiles peintes de Guichard, les poteries de Bouvier et les cristaux de Rousseau, les *damasquines* de Zuloaga et les meubles de Beurdeley? A-t-elle marchandé le succès aux Christofle et aux Barbedienne, à tous ces chercheurs convaincus qui ressuscitent les anciens procédés et les appliquent victorieusement à la fabrication moderne?

« Supposez maintenant que les contrefacteurs, — je parle des clairvoyants, — entraînés par l'exemple, se mettent de la partie; qu'ils fassent cause commune avec les honnêtes gens que je citais tout à l'heure, et que tous, utilisant leur talent d'assimilation, imaginent des œuvres nouvelles répondant à nos besoins, qu'ils entreprennent des traductions de l'art ancien *ad usum* du XIXe siècle. Quel renouveau pour nos arts industriels le jour où ce capital de talents neufs et solidement trempés se jettera dans la circulation! Alors vos pâles eunuques et vos imitateurs stériles auront fait souche et, qui sait? vous leur dresserez peut-être des autels parmi les vigoureux producteurs des renaissances.

— Laissez donc, lui dis-je, d'ici là vous aurez disparu. La contrefaçon est votre poison lent; elle vous tuera.

— Hé! mon ami, nous serions morts depuis longtemps. Est-ce que la contrefaçon a jamais tué personne? On contrefait la peinture et les estampes depuis que l'on peint et que l'on grave; on contrefait les antiques... depuis l'antiquité, et la race des amateurs n'a pas diminué, que je sache; Cauvin et ses successeurs n'ont pas découragé un seul numismate, et, malgré tous les Vrain-Lucas passés et présents, les amateurs d'autographes se multiplient de plus belle.

« Croyez-moi, la curiosité a la vie dure et se moque de vos condoléances; elle a ses dédommagements. Plus on contrefait, plus les objets authentiques, réunis dans les collections autorisées et portant leur estampille, augmentent de valeur; ce qui n'a rien d'affligeant. En outre, l'industrie du faussaire est une garantie relative contre l'élévation désordonnée des prix. Le marchand devenant de jour en jour plus suspect et l'amateur superficiel plus défiant, certains objets excellents, mais d'un grand prix, resteront en magasin. L'homme qui a l'œil ouvert les achètera au rabais, les placera dans sa collection, et sa compétence leur donnera le brevet d'authenticité; son pavillon couvrira la marchandise.

« A un autre point de vue, la contrefaçon est salutaire...

— Vous vous moquez, lui dis-je ; les Sauvageot et les Du Sommerard n'en avaient pas besoin et se portaient à merveille.

— Je le crois bien, reprit-il, ils avaient un autre estomac que le nôtre. Ces rudes pionniers, isolés, sans fortune, creusaient durement leur chemin dans un sol vierge et inexploré. Ils n'étaient pas assouvis et gavés ; ils avaient la passion généreuse, féconde, le combat fortifiant de tous les jours. Ils allaient droit devant eux, dédaignés par la mode, bravant les préjugés, le bourgeois qui les traitait de maniaques, l'artiste qui faisait leur caricature, l'écrivain qui les jetait en pâture aux badauds. Aujourd'hui la mode nous porte en triomphe, Paris s'est fait pour nous le bazar de la curiosité européenne et, tandis que les pourvoyeurs de tous les coins du monde approvisionnaient notre sérail, nous avons failli désapprendre l'amour.

« Cependant la contrefaçon survient dans l'ombre. Elle nous a mordus les premiers, j'en conviens, mordus jusqu'au sang. Est-ce une raison pour lui garder rancune ? En nous blessant, elle nous réveille, elle sauve Annibal endormi dans Capoue. Mais, sans elle, où sera la lutte ? où sera le mérite ? Supprimez au chasseur les accidents, au marin les naufrages, au soldat les périls, aux Tissandier les casse-cou, et dites-moi où vous placez la gloire ? Ah ! vous rêvez une curiosité commode, à la portée de chacun, que tout le monde sache du jour au lendemain, — comme la politique, — une curiosité sans danger, *facile à suivre même en voyage*. Mais quand l'amour devient banal, adieu l'amour! Le jour où la curiosité sera réduite à un duel de billets de banque, le jour où le million dans son fauteuil pourra se la procurer à coup sûr et sans se déranger, — puisque nous aurons pris la peine d'écarter pour lui le seul écueil qui puisse l'arrêter, — ce jour-là, elle sera bien morte, pour lui qui sera vite rassasié, et pour nous qui ne pourrons plus l'acheter.

« Laissons donc les théories banales et les lamentations vaines. La contrefaçon existe, elle a toujours existé; il faut en prendre son parti. Qu'elle soit un piége pour les novices, les aveugles et les impertinents, soit. Quant à nous, regardons bien comment le piége est fait, comme il fonctionne et où il est placé; n'y tombons jamais, et... gardons-nous bien de le déranger. »

UN MUSÉE

QUI NE COUTERA RIEN

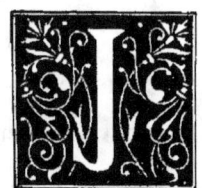E propose la création d'un nouveau musée dans les salles du Louvre.

Ce musée est indispensable, d'une exécution des plus simples; *il ne coûtera rien*. Je vais essayer de le démontrer.

Dire qu'en France nous manquons d'esprit de suite, ce n'est pas risquer un paradoxe bien compromettant. Nous avons le génie inventif, nous ouvrons la voie, nous allons même jusqu'à poser les premiers jalons; vienne un caprice, une mode nouvelle, une révolution, adieu les projets de la veille et le chemin commencé! On se jette à la découverte, à gauche ou à droite suivant le cas, et l'on recommence de plus belle.

Sur quoi les Anglais, qui ne laissent rien à l'aventure, s'empressent de recueillir l'invention perdue, l'adoptent, l'élèvent, la font grandir tranquillement, sans tapage, et, quand l'œuvre est achevée aux applaudissements du monde, nous sommes tout étonnés de n'avoir pas su en faire autant.

On l'a dit depuis longtemps, le Français invente, l'Anglais perfectionne. Du Sommerard invente le *Musée des arts décoratifs* — et l'Angleterre fonde Kensington.

C'est en 1843 que le comte Duchâtel décida l'acquisition de la collection Du Sommerard; quelques années plus tard, Sauvageot faisait son entrée au Louvre. En s'occupant d'abord du Moyen Age et de la Renaissance, on courait au plus pressé; le premier pas, et le plus difficile, était fait. Mais une fois la tâche commencée, il fallait nécessairement la mener jusqu'au bout, ouvrir les portes à Louis XIV qui attendait pour la première fois, installer à la suite Louis XV avec la Pompadour, Louis XVI et Marie-Antoinette; faire, en un mot, pour l'art décoratif ce que l'on faisait pour la peinture, la sculpture et la gravure, — un musée chronologique et complet jusqu'à nos jours. Eh bien, trente-trois ans se sont écoulés depuis la fondation de Cluny, vingt ans depuis la donation Sauvageot, et l'œuvre en est au même point. Le XVIIe et le XVIIIe siècle ne sont pas représentés, leur place est encore vide.

L'idée première était excellente, nous l'avons laissée en route ; on sait ce que l'Angleterre en a fait.

Je n'entends pas reprendre ici l'œuvre interrompue et marcher sur les traces de nos voisins ; pour un programme de cette envergure, il faut de longues études, un autre emplacement que le Louvre, un capital et des efforts considérables. D'autres tenteront l'entreprise et nous y souscrirons de grand cœur. Mais en attendant que la France possède un Kensington à son tempérament, à sa taille, le Louvre n'a-t-il pas quelque chose à faire ? Sans sortir de son cadre et sans entamer son budget, ne peut-il pas compléter, dans une certaine mesure, sa collection des arts décoratifs et faire une place aux deux siècles déshérités ?

Songez-y donc ! la lacune est déplorable. Je suis orfévre, je veux étudier les originaux de Ballin, de Lesgaré, de Germain ; où les trouver ? Je suis ébéniste ; où sont les œuvres de Boulle, de Crescent, de Riesener, de Martin ? Je suis ciseleur ; où sont les bronzes de Gouthières et de Caffieri ? Je suis tapissier, décorateur, doreur, ferronnier ; où sont mes maîtres, ces grands artistes de l'École des Gobelins, qui fournissaient toutes les cours du monde ? Montrez-moi le musée de cet art merveilleux qui fut jadis une de nos gloires les plus acceptées ! Car on contestera nos peintres, nos architectes, nos sculpteurs ; l'Europe entière s'incline devant notre suprématie dans les arts de l'ameublement aux derniers siècles, et s'étonne à bon droit de ne trouver nulle part la collection de ces chefs-d'œuvre de l'École française.

Je vais plus loin : la série qui nous manque est précisément la plus indispensable, celle qui nous intéresse davantage. Certes, la Renaissance et le Moyen Age sont les maîtres par excellence : ils enseignent les grands principes, le goût sévère, la logique des formes, leur appropriation raisonnée à la matière, à la destination ; c'est la haute école de l'art. Mais leur enseignement suppose un auditoire initié, sans quoi la leçon risque d'être incomprise et de ne pas profiter. Le XVIIe et le XVIIIe siècle, au contraire, parlent notre langue, on les comprend tout d'abord. Leurs types, leurs modes sont les nôtres, à peu de chose près. Nous meublons nos appartements avec leurs dépouilles, leurs garnitures vont sur nos cheminées, leurs chenets dans nos foyers, leurs siéges sont taillés à notre mesure. Voilà les modèles que réclame l'industriel, l'enseignement qui lui convient. « Que m'importe, dira-t-il, vos chaires, vos hanaps, vos dressoirs et vos landiers? C'est affaire aux curieux et aux savants. Je veux savoir comment se fabriquaient les objets similaires des nôtres, ceux que je puis imiter et vendre utilement, une commode, un bureau, des flambeaux, un lustre, un canapé dont je ne trouve le modèle nulle part. » Et l'industriel a raison.

Sans doute, depuis la guerre, nous avons

recueilli quelques échantillons superbes, sauvés des Tuileries et de Saint-Cloud. Mais les uns sont perdus dans les solitudes du Musée des dessins, les autres disparaissent dans l'éblouissante orfévrerie de la galerie d'Apollon. Tels qu'ils sont placés, ces meubles servent d'accessoires, d'accompagnement à la décoration murale. C'est un ameublement, ce n'est pas un musée.

— Mais je n'en ai pas d'autres, me direz-vous, et le peu que j'ai ne suffit pas à former une collection. La Révolution a détruit, la Commune a brûlé, l'Angleterre a acheté et, depuis un siècle, elle continue son drainage dans toutes nos ventes publiques. Où voulez-vous que je m'approvisionne pour former un musée qui serait indispensable, j'en conviens, mais qui est impossible? »

C'est ce que je me propose d'examiner.

Il y a quelques années, quand j'allais au Ministère de la Guerre, j'étais reçu dans un salon dont l'ameublement offrait le mélange singulier de l'Empire le plus brutal et du Louis XVI le plus délicat; et comme je m'émerveillais devant ces précieux souvenirs de l'art du dernier siècle, le maître du logis me fit conduire dans plusieurs bureaux voisins, où je pus admirer à loisir des échantillons de la même époque et de la plus exquise beauté. Une commode couverte de ciselures était même, si je m'en souviens, placée dans une antichambre, et le brosseur l'astiquait tous les jours en conscience, comme un fourniment; j'ignore ce qu'il en reste aujourd'hui.

A quelque temps de là, le hasard me conduisit au Ministère des Finances; la Commune n'avait pas encore passé par là. La même surprise m'attendait. Un des chefs de service possédait une commode du dernier siècle, estimée 10,000 francs, — c'était sous l'Empire. Un autre qui cumulait les finances et la curiosité, avait transporté au Ministère une partie de sa collection personnelle et s'était composé un cabinet de haut goût. Je me rappelle trois pendules appartenant à l'État, dont l'une figurait une colonne monumentale surmontée d'une sphère de la plus grande tournure. Le bureau sur lequel il écrivait faisait son désespoir : « Croyez-vous, disait-il douloureusement, que j'en ai offert 25,000 francs, que je m'en sers tous les jours, et qu'il ne sera jamais à moi! » Le concierge du Ministère n'était pas moins bien partagé; sa commode en laque faisait bien envie à un marchand de notre connaissance, qui a souvent rôdé aux environs, *quærens quem devoret*.

A la Marine, Boulle était représenté par un de ses bureaux les plus magnifiques, et Riesener par deux buffets à grands médaillons de cuivre doré d'une exécution irréprochable.

Plus tard, l'occasion m'appelant dans les autres ministères, j'ai remarqué partout le même phénomène, et j'ai appris que tous possédaient un certain nombre de meubles précieux, provenant des premiers propriétaires, des grands seigneurs qui avaient vendu leurs hôtels tout meublés pour en faire des ministères.

Assurément ces belles choses sont en fort bonnes mains, et je ne doute pas du profond respect avec lequel messieurs les fonctionnaires de l'État s'asseyent dans un fauteuil qui vaut aujourd'hui 5 à 6,000 francs, et s'approchent d'un bureau que l'Angleterre couvrirait d'or. Mais enfin il est permis de se demander si ces monuments inappréciables de l'art de nos pères sont bien à leur place, si les gens de service les traitent avec plus de révérence qu'un simple bureau en chêne de 300 francs, et s'ils ne seraient pas plus utilement placés pour leur sécurité, pour notre éducation et pour notre gloire, au Louvre qui a besoin de se compléter, que dans les bureaux invisibles d'un ministère.

Il suffirait d'une démarche faite par le ministre compétent auprès de ses collègues pour les amener à *prêter* au Louvre les *pièces exceptionnelles* de leur mobilier historique, quitte à les remplacer par d'honnêtes fauteuils soigneusement capitonnés et par des bureaux moins chargés de cuivres, mais plus remplis de tiroirs et de cartonniers.

Voilà, si je ne me trompe, un premier contingent qui ne coûtera au Louvre que la peine de le demander ; ce n'est pas tout.

Peu de nos lecteurs, sans doute, connaissent un vaste bâtiment situé à l'angle du Champ-de-Mars et du quai d'Orsay ; c'est le Garde-Meuble.

On n'y est admis qu'en montrant patte blanche et une autorisation ministérielle en bonne forme. Là sont entassées les splendeurs de l'ancien mobilier de la Couronne ; on ne leur permet de voir le jour qu'avec ménagement et dans certaines circonstances exceptionnelles. Une seule fois depuis un siècle, à la dernière Exposition de l'Union centrale, le public a pu voir *dans son ensemble* notre incomparable série de tapisseries. Quant aux meubles, on les réserve pour les fêtes officielles de nos nombreux Présidents, et j'aime à croire, pour l'honneur de l'art, que les danseurs du dernier bal de l'Élysée n'ont pas manqué de jeter en passant un regard aux meubles exquis, aux riches tentures et aux splendides candélabres du Garde-Meuble. Je me souviens d'avoir visité jadis, grâce à l'obligeance de l'ancien administrateur, cet immense ossuaire, rendez-vous de toutes les gloires et de toutes les misères de l'art, où les cadavres glacés de l'Empire et de la Restauration gisaient pêle-mêle avec les corps glorieux du XVIIe et du XVIIIe siècle. Par bonheur l'incendie les a oubliés et la collection est aussi complète qu'autrefois. Le Louvre serait-il malavisé de choisir dans ce trésor et de livrer au grand jour les immortels patrons de l'art français que le Garde-Meuble ne peut exposer faute de personnel et d'aménagements nécessaires? L'administration pourrait-elle se refuser à un prêt qui ne compromet en rien ses droits de propriété? On objectera que ces pièces servent à la décoration des grandes fêtes de l'Élysée ou de Versailles ; mais nous entendons bien ne faire qu'un choix, un choix sévère, et laisser le reste. Il n'est pas sûr que ces merveilles délicates s'accommodent du va-et-vient perpétuel qu'on leur impose. D'ailleurs, pourquoi l'État, le plus riche propriétaire de France, ne se donnerait-il pas le luxe de commander à nos artistes industriels des meubles et des bronzes pour ses fêtes et ses fonctionnaires, comme il achète aux peintres et aux sculpteurs des tableaux et des statues pour ses palais ?

Le Louvre ne peut manquer d'exploiter ce deuxième filon qui promet de belles découvertes. Nous ne sommes pas encore au bout de nos fouilles.

Comme on le pense bien, le Garde-Meuble a ses rebuts, objets brisés, vermoulus, ferraille hors d'usage, débris de meubles, fragments à demi calcinés découverts dans les décombres de nos palais ; que faire de ces ruines ? On les envoie au Domaine qui peut seul procéder à l'aliénation. Le Domaine est le déversoir commun du Garde-Meuble, des Ministères, des Musées, des Bibliothèques, de toutes les propriétés de l'État ; il est chargé de vendre leurs objets réformés. C'est encore le Domaine qui fait les ventes mobilières à la suite des successions en déshérence.

Ces ventes ont des allures particulières. Quelques affiches sobrement répandues, parfois un avis discret dans certains journaux ; la chose a lieu tantôt quai d'Orsay, dans les anciennes écuries de l'Empereur, tantôt à la fourrière de la rue de Pontoise. Pas d'expert pour faire les évaluations et fixer les mises à prix, pas de commissaire-priseur pour adjuger. Un vérificateur préside; il commence dès que le nombre réglementaire des acquéreurs est présent, mène vivement les enchères, adjuge, signe le procès-verbal et s'en va.

Dieu me garde de trouver à redire à ces procédés un peu expéditifs, mais parfaitement corrects. Le vérificateur fait son métier en conscience, que peut-on lui demander de plus? Il n'a ni l'expérience, ni l'intérêt du commissaire-priseur. Après tout, le Domaine n'est pas responsable de ce qu'on lui donne à vendre; comme le coq de la fable, il n'est pas tenu de s'y connaître en perles, et le moindre grain de mil, je me trompe,

> Et le moindre ducaton
> Seroit bien mieux son affaire.

On comprend ce que doivent produire des ventes sans publicité, sans catalogue, sans commissaire-priseur, sans expert, et naturellement... sans amateurs. Aller de gaieté de cœur au bout du monde, quai d'Orsay ou rue de Pontoise! n'y comptez pas. On a déjà de la peine à faire venir l'amateur rue Drouot, qui est sur son chemin; il faut le solliciter par des affiches, des catalogues à domicile, des expositions particulières, des cartes spéciales. On lui donne un éclairage exceptionnel, des salles chauffées et tendues, un coin réservé pour n'y rencontrer que des gens de son monde. On sait l'heure de son arrivée, on lui met de côté les morceaux de choix. Ah! les belles recettes que ferait M. Pillet avec les rebuts du Domaine! Car tout n'est pas à dédaigner dans cette friperie; on rencontre parfois des débris excellents, facilement restaurables, ou des objets entiers provenant des successions abandonnées, que le Domaine laisse aller à vil prix faute d'acquéreurs sérieux.

Aussi quelle joie parmi les notabilités de la rue de Lappe et du Gros-Caillou le jour des ventes du Domaine! Ils sont là une demi-douzaine, ferrailleurs, regrattiers et fripiers, bien décidés à ne pas se faire concurrence. Ils achètent tout et se réunissent après la vente chez le marchand de vin, pour procéder à une équitable *révision*. Tel meuble que nous connaissons bien, payé 250 francs, a été revendu 10,000 francs en Angleterre; telle pièce d'argenterie, vendue au poids, a décuplé son prix en quelques heures. La célèbre rampe d'escalier de la Bibliothèque, chef-d'œuvre de la serrurerie française au dernier siècle, vendue comme démolition, rachetée 1,200 francs par un marchand bien connu, a été revendue 12,000 francs à sir Richard Wallace. Les magnifiques boiseries de la Bibliothèque ont passé par les mêmes aventures; vendues par l'État au prix de la démolition, elles ont fini par trouver acquéreur à 35,000 francs.

Dernièrement, des colonnes, des tables de porphyre et de marbres précieux, allaient être adjugées à un fabricant de mosaïques pour les mettre en morceaux, quand un homme intelligent est survenu à point pour les sauver. Hier, dans un lot de ferrailles, se trouvait une console en ébène, incrustée de laque, avec des crémones, des serrures, des fiches et des boutons de porte d'un excellent travail, découverts dans les ruines des Tuileries. Nous pourrions citer d'autres exemples avec les dates, les prix, les noms des acquéreurs, bien que ces messieurs évitent d'ébruiter leurs bonnes fortunes et se renferment dans un silence prudent et lucratif.

Franchement, n'est-il pas temps de mettre un terme à ces pratiques? En faisant ses ventes à l'hôtel Drouot, dans le local familier aux amateurs, avec tout le cérémonial d'usage, le Domaine couperait court à l'exploitation des brocanteurs, dont il est la première victime, et s'assurerait par la libre concurrence une plus-value certaine. Enfin, — et c'est le point essentiel pour nous, — la Direction des Musées nationaux ne devrait-elle pas réclamer le droit d'intervenir avant la vente et de prélever pour son compte, parmi les débris appartenant à l'État, ceux qui pourraient prendre place dans un musée? Dès à présent, le Louvre pourrait sans doute faire un choix dans les meubles de réforme destinés aux ventes prochaines et attendre patiemment les découvertes ultérieures.

Au résumé, le Louvre a trois moyens sous la main pour compléter sans frais sa collection mobilière ; il peut exploiter :

1° Les Ministères,
2° Le Garde-Meuble,
3° Les ventes du Domaine.

De ces trois fonds, les deux premiers, les plus riches, lui sont ouverts dès maintenant ; le troisième est la ressource de l'avenir. Et nous n'avons pas tout dit ; bien des carrières sont encore inexplorées. Qui sait, par exemple, si une visite attentive dans nos palais de Compiègne, de Versailles, de Fontainebleau, ne ferait pas découvrir quelque relique précieuse, oubliée dans le logement d'un adjudant, d'un architecte, voire d'un simple valet de chambre ? Qui sait les surprises que nous réserve la Commission de l'Inventaire des richesses artistiques, le jour où elle dirigera ses recherches de ce côté ?

Nous avons la collection, mais où la placer commodément ? car il faut un local assez vaste, bien divisé, permettant un classement historique de siècle en siècle et de salle en salle, de la Renaissance au premier Empire.

Que le lecteur veuille bien m'accompagner au Louvre, montons par l'escalier à l'extrémité de la salle des grandes sculptures égyptiennes. Voici l'ancien Musée des Souverains et la galerie qui longe la colonnade de Perrault. C'est précisément l'emplacement que nous allons prendre, si vous le voulez bien, puisque nous y sommes, et qu'il est sans emploi. Le musée Campana, délogé par la collection Lacaze, convoiterait, dit-on, pour ses terres cuites, une partie de la galerie ; sans discuter lequel a le plus de droits, de lui, — un étranger, — qui occupe déjà tant de salles, ou de nous qui n'avons pas encore un coin dans la maison paternelle, nous lui ferons sa part ; nous sommes bon prince et ne voulons pas nous brouiller avec nos voisins.

Le corps de bâtiment tout entier comprend huit salles, dont une, l'avant-dernière, peut être facilement divisée par moitié ; soit neuf salles en tout. Si l'on donne la dernière du côté nord au musée Campana pour remplacer celle qu'il a perdue, nous avons huit pièces à notre disposition. Il n'en faut pas davantage, et les conservateurs du Louvre sauront bien s'en accommoder pour installer leur série chronologique.

Figurez-vous le nouveau musée s'ouvrant par un triple vestibule formé du salon d'Anne d'Autriche à Vincennes, de la chambre dite *à alcôve,* et du salon *de parade* de Henri II, « la plus belle chambre du monde », disait Sauval. A la suite, une enfilade de pièces, chacune tendue de ses tapisseries empruntées au Garde-Meuble, et garnie de son ameublement, de ses bronzes, de ses menus chefs-d'œuvre ; — la salle de la Renaissance, avec les spécimens mobiliers des collections Révoil et

Sauvageot; — la salle du xviie siècle, avec les admirables tentures de l'histoire de Louis XIV, l'honneur des Gobelins, encadrant les magnificences de Boulle; au besoin, et s'il faut combler des lacunes, on utilisera les doubles de la galerie d'Apollon; — les salles de Louis XV et de Louis XVI, avec leurs tentures mythologiques, leurs ciselures et leurs meubles sans pareils, le grand bureau de Saint-Cloud et les médailliers du roi, l'armoire à bijoux de Marie-Antoinette et la table de la vente Beauvau, les bronzes du Garde-Meuble et les vases de Chine montés, sauvés des Tuileries; — enfin la salle de l'Empire. Çà et là quelques bustes, des grands vases sur les consoles, les gaînes ou les colonnes pour rompre l'uniformité des lignes et donner le mouvement, la vie; un musée n'est pas forcément une salle d'étude monotone et sévère, on ne lui refuse pas certaines coquetteries de bon aloi. Le spectacle ne sera-t-il pas saisissant et singulièrement instructif? Un pareil musée, — panorama déroulant l'histoire du meuble et de ses accessoires depuis trois siècles et formé des plus beaux échantillons connus, — n'est-il pas à sa place au Louvre et digne en tout de son entourage?

S'il en est ainsi, si j'ai démontré que l'œuvre est indispensable et de premier ordre, l'exécution facile, la dépense nulle, ma tâche est finie; que le Louvre commence la sienne. Il ne s'agit pas de crédits nouveaux, de lois et de décrets; Dieu merci! nous ne faisons pas de politique et les

Chambres n'ont rien à voir dans nos affaires. Le Louvre a fait ses preuves, il sait au besoin prendre les grandes décisions en dépit des critiques mesquines ou jalouses. Le moment est venu de faire un nouvel effort, il n'a pas un moment à perdre. Qu'il montre aux étrangers venus à Paris en 1878 une merveille de plus, un musée national par excellence, entièrement neuf et inconnu, sans aucun similaire en Europe et, — ce qui ne gâtera pas la surprise, — un musée organisé en un an et qui n'aura rien coûté.

LE POUR ET LE CONTRE

E premier parla ainsi :
« Je ne sais qui a fait aux Parisiens une réputation de fatuité ; c'est une erreur qui tient à ce que l'on ignore leurs façons de parler. Ainsi vous entendez tous les jours de braves gens qui s'écrient en se frottant les mains : « Quel triomphe ! nos artistes sont les premiers du monde » ; et vous vous demandez par quel miracle la vérité ne leur saute pas aux yeux quand la France décline visiblement, entraînant avec elle son école tout entière.

« Eh bien, vous vous trompez. Le Parisien sait parfaitement à quoi s'en tenir et ne se fait aucune illusion. Mais il ressemble aux Romains, surtout à ceux du Bas-Empire ; il a inventé des locutions *néfastes*, un dictionnaire de mots qu'il ne faut pas prononcer. Le mot *décadence* est du nombre ;

il gêne, il dérange les habitudes prises, il inquiète. Chacun le connaît à merveille, mais ne l'articule point. Comme cela se pratique chez un malade, on est convenu de certaines réticences avant de l'aborder et on le complimente sur son bon visage.

« Que les Parisiens s'amusent à ces gentillesses, c'est leur affaire. Quant à moi, je veux regarder le mal en face, et si je dois mourir, qu'on me le dise tout net.

« Malheureusement l'École française en est là ; elle est frappée au cœur. Du jour où la science s'est mise à gouverner le monde, l'art était perdu sans ressource et l'on pouvait prédire logiquement toutes les phases de sa décadence.

« Notre capacité créatrice n'est pas indéfinie. La Providence mesure à chaque peuple la dose qui lui convient, et le budget, si je puis ainsi parler, est fixé une fois pour toutes. Nous pouvons le dépenser en pièces d'or ou en gros sous, cela dépend des siècles ; mais l'allocation épuisée, nous aurons beau prier, le banquier ferme impitoyablement sa porte.

« Or la science qui se contentait jadis d'une part légitime, est devenue plus exigeante en grandissant. Aujourd'hui c'est une maîtresse hautaine et jalouse, qui veut régner seule et n'admet pas de partage. Elle a pris pour elle tout le crédit, elle absorbe la provision créatrice sans rien laisser à ses rivales.

« Voilà donc les lettres et les arts incapables

de produire. Abandonnés par le dieu qui féconde, errant à l'aventure, ils vivent sur leurs restes ; vous savez ce qu'ils sont devenus.

« Je ne parlerai point des lettres ; elles ont beaucoup souffert.

« L'architecture a disparu. On la cherche encore sans pouvoir la trouver.

« La sculpture avait fait bonne contenance d'abord ; mais elle a compris qu'il fallait vivre et s'est rabattue sur l'ameublement et l'orfévrerie. Elle s'adonne à la statuette, au surtout de table, et s'occupera bientôt des pendules.

« La peinture a tout essayé. Courtisane amoureuse, elle se faisait petite pour tenir peu de place ; au besoin elle montrait la jambe et la gorge. Quand le public est devenu collectionneur, on l'a vue se jeter dans la curiosité et pratiquer l'archéologie. Elle fait d'ailleurs tout ce qui concerne son état, travaille pour les restaurants, les marchands de nouveautés et l'exportation, s'affichant partout, folle de publicité, de réclames et d'expositions.

« Il y a trente ans, on estimait encore l'art comme une fleur privilégiée, qu'il faut élever pour la bonne compagnie seulement ; personne ne se fût avisé de la compromettre dans un entourage indigne d'elle. On lui faisait les honneurs d'un *Salon*, recueil peu nombreux et choisi avec soin. Avec le temps le Salon est devenu place publique. On a monté des expositions aux Champs-Élysées, aux Beaux-Arts, dans les cercles, dans les ateliers, chez les marchands, à l'Hôtel des ventes, au profit des pauvres, des blessés, des artistes, avant et après décès, si bien que la foire aux tableaux est permanente. Nous verrons bientôt le Bazar général de la Peinture avec buffets, fleurs, concerts militaires et lumière électrique. On garnira les murailles de nudités appétissantes, on fera circuler des femmes à la mode; et le public sera bien dégoûté s'il n'accourt pas en foule à ces joyeuses funérailles de l'École française.

« Cependant la manufacture des tableaux s'augmente chaque année; l'école et l'atelier se remplissent de plus belle, et tous les jours quelque petit jeune homme, espoir du notariat et de la nouveauté, se précipite tête baissée dans la peinture.

» Ah! si j'en tenais un par les oreilles : « Vous
« voulez être peintre, mon ami; à merveille. Sans
« doute vous avez déjà fait votre choix : vous êtes
« réaliste, naturaliste, idéaliste, sensationnaliste,
« valoriste, impressionniste ou impressionnaliste,
« je ne sais lequel au juste; voilà qui est bien.
« Maintenant que comptez-vous faire? Vous ne son-
« gez pas à la peinture religieuse, c'est convenu;
« mais ferez-vous le cheval, le mouton, le chien, la
« fleur, le grec, le mérovingien, la Renaissance,
« l'égyptien, le portrait, la nature morte, la marine,
« le militaire ou la familiarité? Il faut prendre un
« parti; aujourd'hui chacun a sa spécialité, et vive
« la division du travail! Ne me parlez pas de ces
« anciens phénomènes à deux têtes et à quatre bras,

« à la fois peintres, sculpteurs, architectes, gra-
« veurs et poëtes à l'occasion; ce sont les Millie-
« Christine de l'art, on n'en veut plus. — Vous ne
« manquez pas d'imagination, je crois; mauvaise
« affaire. La peinture est impassible, sans émotion,
« sans âme; elle travaille à froid; c'est de la pho-
« tographie en couleur; est-ce que le soleil a de la
« passion? — Quelles sont vos opinions politiques?
« La question est délicate, car les journaux et les
« critiques de l'autre bord vous éreinteront quel
« que soit votre talent, pendant que vos compères
« vous porteront aux nues, fussiez-vous le dernier
« des fruits secs. — Êtes-vous prêt à vous livrer
« corps et âme à un entraîneur à la mode, qui loue
« votre pinceau tant par an et se charge de vous
« lancer? — Savez-vous tirer parti d'un tableau à
« succès, le vendre en gros et en détail, en faire
« des copies pour les Américains, des réductions
« pour l'Angleterre, des études détachées pour le
« Parisien et des aquarelles pour les petites bourses?
« — Serez-vous enfin un industriel comme les
« autres, qui suit jour par jour la mercuriale des
« tableaux à la halle Drouot, qui a ses réclames,
« ses commis voyageurs, son prix-courant et son
« teneur de livres? »

« Voilà ce que je dirais au petit jeune homme,
et je sais bien ce qu'il me répondrait s'il avait du
cœur. Sinon, libre à lui de se jeter à l'eau; d'un
méchant notaire à un méchant peintre je ne fais
pas la différence.

« Ainsi l'école est condamnée à mort parce que le génie créateur n'habite plus en elle, et qu'elle ne peut ni produire ni se renouveler. Elle est condamnée parce que ses prêtres ont perdu la foi, qu'ils sont devenus des commerçants et trafiquent du culte. Elle est condamnée encore, parce que la substance même de ses œuvres est empoisonnée et que ses derniers monuments menacent déjà ruine.

« Autrefois le peintre préparait lui-même, ou faisait préparer sous ses yeux ses couleurs et ses vernis. Croyez-vous que l'artiste moderne perde son temps à ces misères? Vous vous moquez; c'est un marchand de toiles peintes qui entend ses affaires et s'approvisionne dans le commerce. Or le fabricant de couleurs, qui ne voit que son bénéfice, s'inquiète peu de la solidité et abuse des préparations chimiques pour obtenir le plus d'effet au meilleur marché possible. Les nouveaux mélanges, mal connus et mal combinés, ont produit, comme dans la teinture, des altérations désastreuses. Les toiles de Gros, de Girodet, de Granet sont labourées, le *Naufrage de la Méduse* est une ruine, les Léopold Robert sont usés jusqu'à la corde, les Flandrin de Saint-Vincent-de-Paul commencent à s'écailler et, dans un siècle, les Decamps n'existeront plus!

« L'art se meurt, l'art est mort! et le spectacle est d'autant plus triste que le dénoûment est misérable. Inquiets et troublés comme au pressentiment d'un désastre prochain, ramassés dans notre vie bourgeoise mince, étroite, diminuée, nous finissons pauvrement. Le peintre gratte ses petites toiles et le sculpteur ses petites figures; le savant prend son microscope, le collectionneur époussette ses tabatières, le poëte fait des sonnets, le musicien des opérettes et l'historien des monographies. A ce régime les caractères se dépriment, les âmes se rapetissent comme les œuvres. Ceux qui veulent faire grand ont des enflures de baudruche et leurs grossesses prétentieuses n'aboutissent qu'à des fausses couches.

« Vous avez des illusions, monsieur ! mais regardez donc votre nouvel Opéra; un peuple a toujours les architectes qu'il mérite. »

L'autre reprit gravement :
— Vous êtes sévère, monsieur, et je devais m'y attendre. Vous êtes jeune, vous avez l'âge des impatiences et des jugements de prime-saut ; c'est un privilége que je vous envierais, s'il ne fallait l'acheter au prix de vos découragements et de votre amertume. Mais je ne saurais voir d'aussi près que vous; les années donnent plus de reculée ; l'œil, en s'affaiblissant, perd ce je ne sais quoi d'aigu et de personnel de la jeunesse. Il ne distingue plus aussi nettement l'épisode qui vous heurte, et n'entrevoit, dans la poussière et la fumée, que les grandes manœuvres du champ de bataille.

« Vous êtes frappé des allures commerciales

et bruyantes de certains artistes, minorité ardente à faire parler d'elle, et, de prime abord, vous accusez toute l'école de complicité. Pour moi qui n'ai plus l'oreille aussi délicate, ces coups de pistolet se perdent dans le silence des travailleurs et des honnêtes gens. Vous comptez une à une les défaillances de quelques-uns, quand les gros bataillons font leur devoir. Vous placez l'école dans une poignée de recrues, d'industriels et de mécontents ; je la rencontre autour de l'état-major et du drapeau, parmi ces vétérans qui ont fait leurs preuves en combattant jusqu'au bout. Devant la tombe encore chaude de Millet, de Corot et de Barye, je salue l'armée tout entière.

« Voilà ce que vous appelez mes illusions, monsieur, et je vous demande la permission de les conserver. Ce n'est pas que les bonnes raisons me fassent défaut, si je voulais descendre avec vous dans la mêlée pour attaquer vos arguments corps à corps. Et d'abord, sans aller au fond de votre prétendue théorie sur une répartition originelle et constante du fluide créateur, vous reconnaissez qu'il n'a rien perdu de son intensité ; je n'en demande pas davantage. Que la séve s'épanche d'un côté ou de l'autre, sur l'art ou sur la science, elle existe et je m'empare de votre aveu contre vous-même ; les peuples vieillards ne reproduisent pas.

« Mais n'êtes-vous pas bien exigeant pour notre école ? Le XIXe siècle approche de sa fin, et nous pouvons déjà mesurer sa taille. Certes il fera belle figure devant la postérité ; toutefois n'attendez pas de lui le miracle d'une intarissable fécondité, que la Providence a même refusée aux époques privilégiées. Les génies ne se remplacent point du jour au lendemain, au gré de nos impatiences. Nous sommes déjà bien partagés, et le siècle de Géricault, de Rude, de Rousseau, d'Ingres, de Delacroix, aurait droit au repos sans être accusé de stérilité ; pourtant il n'a pas dit son dernier mot. Nous savons les noms nouveaux qu'il destine à son livre d'or ; mais je n'en citerai qu'un, parce qu'il est sur toutes les lèvres, excepté sur les vôtres, le nom de M. Baudry. N'êtes-vous pas frappé de ce triomphe tranquille et de bon aloi? C'est notre honneur de savoir le prix de nos applaudissements et de donner à chacun sa mesure. Nous jetons, sans y regarder, la menue monnaie aux tambourineurs de la rue ; mais nous réservons notre hommage et nos respects pour le talent austère et patient, l'amour désintéressé de l'art, l'ombre et le silence du travail. Les Romains de la décadence, auxquels vous nous comparez, n'avaient pas ces délicatesses ; leur admiration était plus coulante et plus tumultueuse. C'est un contraste que je vous signale en passant.

« Vous gourmandez nos artistes de se rapprocher de l'industrie. Plût à Dieu que le mariage fût consommé comme autrefois quand Jean Cousin dessinait des traités de broderie, Ducerceau des armoires, Boulle et Lebrun des meubles, des pièces de vaisselle et ces pendules qui vous tiennent à cœur. Vous appelez cela déroger. A vous entendre, l'art serait une plante délicate et aristocratique, que le moindre souffle peut flétrir et qui n'admet qu'une certaine température ; on devrait l'élever en serre chaude pour les délices de quelques-uns. Sincèrement, croyez-vous à ces pudeurs de sensitive, à ces effarouchements ? Nos aïeux n'y mettaient pas tant de façons : leur art était robuste et résistant, il aimait le grand air, supportait les hivers à merveille et poussait en pleine terre. Ces doctrines nous ont réussi jusqu'au dernier siècle, et nous ne courons aucun risque à les reprendre.

« L'ancienne école avait, comme nous, ses irréguliers et ses enfants perdus, croyez-le bien ; mais on ne s'en plaignait point, et l'art y trouvait son compte. Les indépendants qui se jettent hors de la grand'route, au hasard de leur fantaisie, découvrent parfois des voies nouvelles. Aussi bien les intempérances et le tapage ne sont pas un signe de décadence ; c'est la séve et la jeunesse qui débordent ; on court les aventures bruyantes, on veut se faire remarquer à tout prix. Alcibiade vieilli ne pensait plus à mutiler son chien.

« Vous parlez de manœuvres commerciales. Hélas ! monsieur, nos aïeux ne se piquaient pas de scrupules aussi raffinés que les vôtres ; Marc-Antoine contrefaisait la signature d'Albert Dürer, et Titien vendait, dit-on, les copies de ses élèves pour des originaux de sa main. Je ne les donne pas pour exemples ; du moins personne de leur temps ne criait au déclin du siècle et de l'école qui produisaient de pareils scandales. Mais, sans aller aussi loin, quel artiste de nos jours oserait imiter Charles Hérault, peintre du roi Louis XIV, qui tenait boutique ouverte à la foire Saint-Germain et dressait son étalage de tableaux en plein vent?

« Vous déplorez la ruine prématurée de certains tableaux modernes, mais vous ne dites pas combien d'ouvrages anciens présentent des altérations identiques, dues aux mêmes causes et remontant à l'origine. La *Cène* de Léonard n'était-elle pas déjà compromise quarante ans après la mort du maître?

« Soyez-en persuadé, monsieur, notre siècle n'a pas le privilége des artistes sans dignité et des peintures sans consistance. Ces infirmités sont de tous les temps, et les couleurs de nos artistes, comme leur vertu, ne sont pas plus fragiles aujourd'hui qu'autrefois.

« Mais que vous importent ces retours dans le passé ? L'art se meurt, l'art est mort ; vous avez pris le deuil, bien décidé à ne pas le quitter de sitôt. Vous enterrez les lettres, la peinture, la sculpture et le reste ; l'Opéra devient le monument funèbre de toutes nos décadences et, sur les marches mêmes de son escalier, vous égorgez l'architecte en manière de péroraison.

« Eh bien, monsieur, au risque de déranger

encore votre désespoir, souffrez que je vous contredise une dernière fois.

« Dieu me garde d'emboîter le pas aux camarades d'école ; je n'appartiens à aucune confrérie d'admiration mutuelle. Devant cette tour de Babel qu'on appelle l'Opéra, où tous les pays du monde ont apporté leur pierre, la Grèce, l'Égypte, l'Espagne, l'Inde, l'Italie, je cherche en vain la France et ses vieilles traditions, l'esprit, la mesure et la grâce. Est-ce à dire que l'œuvre porte au front le signe de la décadence ?

« Voici un homme neuf, à qui vous avez donné du premier coup un emplacement incomparable, un budget illimité et liberté pleine pour construire le plus formidable édifice des temps modernes. Seul il a conçu l'œuvre et il l'a faite à son image. Rejetant résolûment tout le passé, il a créé pour son usage un style, des proportions, des hérésies, car il veut même se tromper autrement que les autres. Que lui parlez-vous de conventions, de mièvreries et de fadeurs, cortége accoutumé des écoles caduques ; il dédaigne les sentiers battus et se jettera plutôt tête baissée dans les broussailles et les fondrières, à la recherche de l'architecture de l'avenir.

« Certes, rien ne ressemble moins aux eunuques flétris de la décadence ; quel qu'il soit, ce n'est pas le premier venu, c'est quelqu'un, et je m'étonne que vous ayez précisément mis la main sur celui de nos architectes qui proteste le plus contre vos théories. En vous baissant un peu, il vous était facile de ramasser des personnalités plus à votre convenance.

« Voilà ce que je voulais vous répondre, monsieur, et je ne sais si j'ai épuisé tous vos arguments. Mais croyez-moi, nous avons mieux à faire que de pleurer sur une décadence imaginaire. Une voix éloquente disait naguère que « la première vertu de l'honnête homme est de ne désespérer jamais ni de son temps ni de son pays ». Laissons donc ces lâchetés faciles qui s'accommodent du découragement et veulent s'épargner même l'effort d'espérer. Regardons bien en face, comme vous le souhaitiez tout à l'heure, mais de haut, sans faiblesse et sans parti pris.

« Oui, l'heure présente est inquiète et troublée, pourquoi le nier ? Ce malaise est le symptôme accoutumé des gestations vigoureuses. La France est en travail et les troubles nerveux, les appétits désordonnés, le défaut d'équilibre, les langueurs mêmes, sont la loi commune. Les déformations passagères qui vous épouvantent sont logiques, nécessaires : dans ce moule frémissant Dieu prépare pour ses desseins une âme neuve.

« En doutez-vous ? Doutez-vous que nous traversions une de ces crises si fréquentes dans notre histoire et qui sont le propre de notre race ? Doutez-vous que ces phénomènes soient le présage assuré d'une renaissance prochaine ? Interrogez le passé : le génie national, impatient des longues prospérités, a besoin de secousses périodiques pour reprendre son élan ; jamais il ne se montre plus souple et plus ingénieux pour venir au secours de l'école et organiser une renaissance.

« C'est lui qui, aux approches de l'ouragan barbare dans les Gaules, ouvrait les portes des monastères et faisait rentrer dans ces silos choisis par Dieu la première récolte de l'art national ; — c'est lui qui plus tard, prenant l'habit de saint Benoît, arrachait une dernière fois aux envahisseurs la civilisation naissante et répandait l'enseignement de la grande famille clunisienne ; — c'est lui qui, au réveil menaçant de l'indépendance communale, abandonnait le froc pour se faire laïque, organisait les corporations, instituait l'apprentissage et, de la tombe où la tradition romane venait de se coucher dans sa gloire, faisait jaillir un art neuf, libre et personnel, l'art ogival, impérissable honneur de l'école française. — Et quand le colosse gothique tombait à son tour, à bout de combinaisons et d'audaces, c'est le génie national, toujours indomptable, qui s'emparait de la jeune antiquité pour la greffer sur le vieux tronc gaulois et ouvrait la première fleur de la Renaissance au printemps des siècles modernes. C'est lui qui, réfugié en province, tenait tête à l'invasion italienne patronnée par les Valois et sauvait encore une fois le dépôt des traditions nationales ; c'est lui enfin qui conspirait naguère avec Géricault contre la dictature académique et, entraînant l'école dans la révolte du romantisme, assurait l'affranchissement et les triomphes de l'art contemporain.

« C'est lui qui nous sauvera encore, je l'atteste au lendemain de nos désastres, quand le prodigieux réveil de la patrie étonne déjà le monde et consterne ses ennemis ; je l'atteste devant l'histoire de notre race féconde en rebondissements superbes. Le génie de la France court à travers les siècles, emporté comme Mazeppa sur son cheval ; quand il tombe, dit le poëte,

Il se relève roi. »

TABLE

	Pages.
Au lecteur.	1
Cornelius Saturninus.	11
Maitre Pihourt et ses hétéroclites.	23
Les propos de maitre Salebrin.	45
Le commerce de la curiosité.	59
Le confort.	125
Suburbanum.	147
Dialogue des morts.	161
Les guenons.	165
La contrefaçon.	207
Un musée qui ne coutera rien	227
Le pour et le contre	243

www.ingramcontent.com/pod-product-compliance
Lightning Source LLC
Chambersburg PA
CBHW052245220526
45471CB00001B/196